MINERVA

Besen und Pentagramme

Handbuch für junge Hexen

Hinweis des Verlages:
Die Empfehlungen, Behandlungsmethoden, Informationen, Übungen, Rezepte, Aussagen usw. in diesem Buch wurden von der Autorin und dem Verlag so weit wie möglich erprobt und inhaltlich sorgfältig kontrolliert. Der Autor und der Verlag übernehmen keinerlei Haftung für eventuellen Schaden, der durch den Gebrauch oder Mißbrauch der Information in diesem Buch entsteht. Die Information in diesem Buch ist für Interessierte gedacht und nicht als Therapie- und Diagnoseanweisung im medizinischen Sinnen zu verstehen.Zur richtigen Anwendung und Dosierung aller in diesem Buch genannten Heilmittel befragen Sie bitte Ihren Arzt und / oder Heilpraktiker.

Umschlaggestaltung: Studio Paul C. Pollmann
Satz & Layout: Rufus C. Camphausen

Übersetzt aus dem Niederländischen von Jost Nethe
Illustrationen: Minerva

Die Originalausgabe erschien unter dem Titel *Bezems en Pentagrammen*
bij Uitgeverij Schors, 2001, Amsterdam, Niederlande

ISBN 90-76274-10-X

Auskünfte:
www.irisbuch.com

MINERVA

BESEN UND PENTAGRAMME

HANDBUCH FÜR JUNGE HEXEN

HABEN HEXEN UND HEXEREI DICH IMMER SCHON FASZINIERT?
WOLLTEST DU IMMER SCHON IM GRUNDE DEINES
HERZENS SELBST EINE HEXE WERDEN?
DANN HAST DU DAS RICHTIGE BUCH IN DEINEN HÄNDEN!

IRIS
Bücher & mehr

Buch-Segen

(nach: Jack Veasey – *Morrigan Book Blessing*)

Ihr Hexen, habt die Worte stets im Ohr.
Ruft die Frau, den Herrn hervor.
Mond dort oben, Erde hienieden,
Luft so blau und Sonn‘ so gelb beschieden,
An diesem Tag, zu dieser Stunde,
erfüllt mit Kraft des Buches Kunde.

Jedes Auge möge im Blicke halten,
wie Geheimnisse sich mir entfalten,
die ich auf verborgenen Pfaden gehe
und damit nunmehr vor Euch stehe.
Ihr Wächter der vier Himmelsstege
Hört mich und gebt mir Schutz auf diesem Wege.

Und Ihr, deren Führer ich nun bin,
erkennt die Wege mit glasklarem Sinn.
Möge auch in kommenden Jahren
das Buch hier seine Geheimnisse wahren.
So soll es sein, gesegnet seid Ihr!

Ich widme dieses Buch allen, denen ich ein "Pfad-Finder" sein durfte und stets noch bin. Anita und all die anderen, die dabei sind, Ihren Weg zu finden und allen, die mir geholfen haben, dieses Buch zu schreiben.

Mein besonderer Dank gilt
Claudia, Kitty, Remco, Lady Morgaine, Astrid und Mabel.

Inhalt

Illustrationen

Vorwort

Liebe Leserin, lieber Leser,

Du bist fasziniert von Hexen, Hexerei und Magie und willst vielleicht sogar selbst Hexe werden – sonst hättest Du dieses Buch wohl kaum aufgeschlagen. Vielleicht hast Du nur den Buchtitel gesehen und mußtest lachen (Hexen gibt's doch bloß im Märchen, oder?) und bist dann doch neugierig geworden, was da in diesem Buch wohl für ein "Unsinn" erzählt wird.

Wie auch immer: In diesem Buch geht es um wirkliche Hexen und echte Hexerei. Es geht nicht um die Hexen aus Märchen oder Hexen, wie Du sie aus Gruselfilmen, Fernsehserien oder Fantasy-Romanen kennst. Es geht auch nicht um die armen Menschen, die im Mittelalter als Hexen verbrannt wurden.
In diesem Buch geht es um moderne Hexen. Um Menschen, die ganz normal aussehen, also keine Spitzhüte tragen und keine warzige Hakennase im Gesicht haben, und die alle in etwa das Gleiche glauben. Sie wohnen ganz normal in der Stadt, vielleicht ist sogar Dein Nachbar oder Deine beste Freundin eine Hexe. Nichts Merkwürdiges, Gruseliges oder Befremdliches ist an ihnen. Moderne Hexen sind ganz gewöhnliche Menschen, die wie Du und ich in die Schule gehen, studieren, arbeiten gehen oder sonst etwas tun. Gerade so wie andere Mensch auch, die einen bestimmten Glauben haben, kommen auch sie zusammen, um Feste zu feiern oder über ihren Glauben zu sprechen. Den Glauben an moderne Hexen nennt man Wicca (dieses Wort und viele andere findest Du im Glossar auf S. 123 erklärt). Wicca wird „wikka" ausgesprochen. Jemanden, der diesem Glauben anhängt, nennen wir Hexe, Wicca oder Wiccan (ausgesprochen „wikkun"). Wicca ist eine Naturreligion. Das bedeutet, daß Hexen an die Kräfte der Natur glauben. Sie glauben an einen Gott und eine Göttin.

Gegenwärtig scheinen stets mehr junge Menschen auf der Suche nach etwas zu sein, an das sie glauben können. Es scheint auch, daß immer mehr Menschen begreifen, daß es mehr gibt zwischen Himmel und Erde. Aus diesem Grunde fühlen sich viele junge Menschen von Wicca angesprochen.

Es gibt eine ganze Reihe von Büchern über Wicca, vor allem in englischer Sprache. Das liegt vor allem daran, daß die Wurzeln dieser Naturreligion in England liegen. Es erscheinen aber zunehmend auch Bücher in deutscher Sprache zu diesem Thema.
Ich bin eine Hexe, und ich erinnere mich, daß ich schon mit 12 Jahren mein erstes Buch über Hexerei las. Es war ein unheimlich dickes, schwierig zu lesendes Buch und vieles von dem, was darin geschrieben stand, habe ich lange Zeit nicht verstanden. Und doch rief dieses Buch in mir etwas wach, das ganz tief in mir verschlossen ruhte.
Wenn Du nach der Lektüre dieses Buches etwas Ähnliches erlebst, wenn Du etwas in Dir entdeckst, von dem Du nicht wußtest, daß es in Dir steckte, dann wirst Du wissen, was ich damals fühlte.

Es ist nicht das Ziel dieses Buches, Dich zu irgend etwas zu bekehren. Niemand kann und darf Dich zwingen, an etwas zu glauben. Wir glauben zudem nicht, daß eine Wicca oder ein Wiccan mehr oder weniger wert als jemand anders wäre. Innerhalb Wicca gibt es keine Ungleichbehandlung. Wicca missioniert auch nicht wie manch andere Religion oder trachtet danach, möglichst viele Gläubige unter ihrem Dach zu versammeln. Im Gegenteil: Wicca respektiert jeden anderen Glauben. Manche Menschen vereinigen sogar ihren hergebrachten Glauben mit Wicca. Das ist durchaus möglich, zumindest soweit, bis Du selber merkst, daß sie sich nicht gegenseitig behindern.
Wicca ist ein Konglomerat, eine Kombination von Elementen verschiedener alter Religionen. Daher gibt es keine genaue Regel "wie" zu glauben sei. Dennoch gibt es eine Anzahl von Dingen, an die alle Wicca glauben. Darauf gehe ich später noch ein.

Bevor ich nun mit dem eigentlichen Buch beginne, kann ich es nicht lassen, die Götter um Inspiration und Weisheit zu bitten, um dieses Buch zu schreiben und mich dafür einstweilen bei ihnen zu bedanken.
Ich danke zudem meinen Lehrmeisterinnen und Lehrmeistern für ihre Unterweisungen, ihre Einsichten und ihre Begleitung.

Schließlich danke ich Dir, liebe Leserin, lieber Leser, denn erst durch Deine Lektüre, durch Deine Arbeit bekommt mein Buch eine Funktion und einen Nutzen. Wenn niemand läse, was ich aufgeschrieben habe, dann wäre alles völlig umsonst geschrieben worden ...

HEXEN

Würdest Du glauben, daß es, während ich dies schreibe, noch immer Hexen gibt? Würdest Du mir glauben, daß ich selbst eine Hexe bin? Manche lachen mich aus, wenn ich sage, ich sei eine Hexe, andere bekommen es dann mit der Angst zu tun. Wieder andere schauen mich erstaunt mit erwartungsvollen Augen an und fragen mich, wie sie auch eine Hexe werden können. Wie würdest Du reagieren? Würdest Du lachen und mich für verrückt erklären oder würdest Du weglaufen aus Angst, in eine Kröte verwandelt zu werden? Wenn Du so reagieren würdest, hättest Du sicher nicht begonnen, dieses Buch zu lesen. Nein, ich bin mir ganz sicher, daß Du dieses Buch aufgeschlagen hast, weil Du wissen möchtest, wie Du selbst eine Hexe werden kannst. Nicht wahr? Wenn Du das wirklich wissen willst, dann hast Du das richtige Buch gefunden. In diesem Buch geht es um nichts anderes als um Hexen: was sie glauben, was sie tun und was sie nicht tun. Es geht um moderne Hexen, die einer Religion anhängen, die wir Wicca nennen.

Welche Vorstellung von einer Hexe hast Du? Sind Hexen für Dich alte, häßliche Frauen, die kreischend um einen Kessel tanzen, Frauen die böse Dinge tun, Menschen verzaubern und den Teufel anbeten? Wenn Du den Märchen und Sagen

> **Wußtest Du ...**
>
> - daß im Mittelalter zahllose Menschen verbrannt wurden, weil man glaubte, sie seien Hexen? Die meisten dieser unschuldigen Opfer waren tatsächlich keine Hexen.

glaubst, dann wirst Du tatsächlich dieses Hexenbild finden. Das sind genau die Hexen, die man im Mittelalter so sehr fürchtete. Das sind die Hexen der Alpträume aus denen man schweißgebadet aufwacht.
Mit diesem Hexenbild liegst Du allerdings voll daneben. Solche Hexen wie oben beschrieben sind den Ängsten der Menschen entsprungen. Sie wurden ersonnen, um einen Grund zu haben, Menschen, die anders waren als andere, zu beseitigen.
Die moderne Hexe steht diesem Bild völlig konträr gegenüber. Hexen sind nicht unbedingt immer Frauen. Auch Männer können Hexen sein. Es gibt mehr junge Hexen als alte. Statt böse Dinge zu tun, tun sie viel lieber gute Dinge. Und was den Teufel betrifft: Sie glauben nicht einmal, daß es ihn gibt, geschweige denn, daß sie ihn anbeten.

Moderne Hexen tragen keinen Spitzhut. Viele tragen allerdings ein Pentagramm (fünfzackigen Stern) um den Hals. Sie haben auch einen Besen, aber damit können sie nicht fliegen. Und ganz sicher haben sie keine schwarzen Katzen, die sprechen können wie Menschen.

Hexen sind sanftmütige Menschen mit einem großen Herzen und einer großen Liebe zur Natur. Sie sehen die Natur als etwas Göttliches an, mit dem zurückhaltend umgegangen und die gut umsorgt werden muß. Darum nennen wir Wicca (den Glauben der modernen Hexen) auch eine Naturreligion. Moderne Hexen glauben, daß das Göttliche „im Heulen des Windes, im Rauschen der See, im Herzschlag der Erde und im Knistern des Feuers" zu finden ist. Sie glauben an die Kraft der fünf Elemente: Erde, Luft, Wasser, Feuer und Seele und sie glauben an die Kraft des Mondes und seinen Einfluß auf das tägliche Leben.

> **Wußtest Du ...**
>
> - daß das Pentagramm uralt ist und schon in steinzeitlichen Felszeichnungen zu finden ist?
> - daß der Kreis darum herum bedeutet, daß die Elemente nicht ohne einander auskommen können?
> - daß das Pentagramm das Symbol für die fünf Elemente Erde, Luft, Wasser, Feuer und Seele ist?

Wie Du eine Hexe wirst

Viele Menschen glauben, daß man nur eine Hexe werden kann, indem man sich durch eine andere Hexe einweihen läßt. Dem ist nicht so. Wenn Du eingeweiht wirst, dann zur Priesterin

oder zum Priester (Einweihung des ersten Grades) oder zur Hohepriesterin bzw. zum Hohepriester (Einweihung des zweiten oder dritten Grades). Die Einweihung ist eine besondere Berufung.
Hexe kannst Du auch ohne Einweihung sein, besonders, wenn Du eine Solo-Hexe bist. Du kannst Dir angewöhnen, wie eine Hexe zu leben (gut zur Natur sein, Jahresfeste feiern, tägliche Rituale ausführen usw.) und Du kannst Dir Kenntnisse anlesen und vor allem im Kontakt mit anderen Hexen lernen.

„Mutter, ich bin eine Hexe"

Natürlich wird es nicht einfach sein, Deinen nächsten Familienmitgliedern zu eröffnen, Du seist eine Hexe. Vielleicht hast Du Angst davor, daß sie darüber gar nicht begeistert sind und Dich vielleicht zu einem Psychiater schicken oder Dir den Umgang mit Deinen Freunden verbieten usw. Die große Frage ist: Willst Du es ihnen erzählen und wenn ja: Warum willst Du es Ihnen erzählen?
Natürlich ist es immer besser, wenn Du es von Dir aus erzählst, bevor Deine Eltern durch einen dummen Zufall dahinter kommen. Denn dann wäre der Schock für sie noch größer, und sie würden es sicher noch weniger akzeptieren. Aber wie erzählst Du es, wenn Du dann beschlossen hast, Dich zu "outen"? Das ist nicht ganz einfach. Du kannst Dir sicher selbst denken, daß es wenig sinnvoll ist, mal eben so zwischen Tür und Angel in die Küche zu rufen: „Ach, Mutti, was ich Dir noch sagen wollte ... Ich bin eine Hexe. Tschüss, ich geh dann mal." Du solltest Dich selbst gründlich darauf vorbereiten, denn sie werden ganz sicher Fragen haben, die Du vielleicht nicht alle beantworten können wirst.

Wußtest Du ...

- daß sehr viele Menschen glauben, Hexen würden den Teufel anbeten?
- daß selbst nüchterne Menschen, die von Magie gar nichts halten, dennoch oft Angst vor Menschen haben, die sich mit Magie beschäftigen?

Eine schlaue Methode ist es, ihnen ein entsprechendes Buch zu schenken. Darin können sie dann nachlesen, womit Du Dich beschäftigst und Antworten auf ihre Fragen finden. Natürlich ist es sinnvoll, daß Du das Buch zuvor selbst erst einmal liest, denn Du mußt schon genau wissen, was darin steht. Darüber hinaus wirst Du sicher Sachen darin finden, die Dir neu sind oder die Dich selbst gerade beschäftigen. Du kannst sie auch das Kapitel "Hexenkinder" aus diesem Buch lesen lassen. Es ist speziell für Eltern geschrieben. Darin wird kurz und knapp einiges zum Thema Hexerei erklärt.

Hexenname

Viele Hexen haben einen speziellen Hexennamen. Dieser Brauch stammt aus den Zeiten, in denen man sich noch nicht öffentlich als Hexe zu erkennen geben durfte.

In England z.B. gab es ein Gesetz, das jegliche Form der Hexerei verbot. Dieses Gesetz wurde erst 1951 aufgehoben. Bis dahin war es sehr gefährlich, sich als Hexe zu erkennen zu geben. Um Verrat untereinander vorzubeugen (festgenommene Hexen wurden natürlich intensiv befragt, ob sie noch andere Hexen kennen) wußten Hexen voneinander ausschließlich ihren Hexennamen. So ist es auch in der Regel noch heute, wenngleich einige Hexen sich durchaus auch bei ihren richtigen Namen kennen. Heute benutzen Hexen ihren Hexennamen vor allem dann, wenn sie nicht erkannt werden wollen. In einem kleinen Dorf z.B. ist es nicht unbedingt hilfreich, wenn jeder weiß, daß Du eine Hexe bist. Manche haben womöglich Angst vor Dir und versuchen vielleicht sogar, Dich zu verjagen.
Der Hexenname findet Verwendung, wenn die Hexe in die Öffentlichkeit tritt, bei einem Interview etwa, und dient dann als Schutz zur Sicherheit für die Hexe und ihre Familie.

Wie kommen Hexen an ihren Hexennamen? Da gibt es verschiedene Möglichkeiten. Es kann sein, daß Du in einer Vision einen Namen hörst, Du kannst darüber meditieren, Du kannst aber auch einfach einen Namen benutzen, den DU schön findest. Hexennamen können Namen von Göttinnen sein oder Namen von Pflanzen, Sternen, mythologischen Gestalten usw. Allerdings sollte der Name zu Dir passen und etwas über Dich aussagen. Manchmal kann es richtig schwierig sein, den passenden Namen zu finden.

Leben wie eine Hexe

Hexen haben nicht nur einen zweiten Namen (den Hexennamen), sie leben auch anders als andere Menschen. Sie leben viel umweltbewußter, manche sind Vegetarier oder sogar Veganer (d.h.: Sie essen überhaupt keine tierischen Produkte). Sie feiern die dreizehn Vollmonde und die acht Jahresfeste, die auf andere Daten fallen, als die allgemein anerkannten Feste wie Ostern oder Weihnachten.
Hexe bist Du allerdings nicht nur, wenn Du die Jahresfeste feierst – Hexe bist Du 24 Stunden am Tag, 7 Tage die Woche. Hexe sein ist der rote Faden, der mit Deinem Leben verwoben ist. Hexerei ist eine Religion und ein Lebensstil.
Oft denken Menschen bei Hexen und Hexerei an schwarze Kleidung. Die braucht es aber nicht, um Hexe zu sein. Tatsächlich kleiden sich viele Hexen ganz in Schwarz, aber das ist nicht "Hexenpflicht". Sie tun das einfach, weil es ihnen so gefällt.

"Hexenartig"

Man hört heute viel über *Gothic*, eine Jugendkultur, die äußerlich tatsächlich ein wenig "hexenartig" aussieht. Die Vertreter dieser Jugendkultur kleiden sich schwarz und beschäftigen sich mit Hexerei und Magie. Dabei stehen aber mehr ein bestimmter Lebensstil und die Musik im Vordergrund, nicht ein bestimmter Glauben. Weil durchaus gewisse Übereinstimmungen zwischen Gothics und Hexen bestehen,

werden diese beiden Gruppen häufig verwechselt. Es gibt natürlich Hexen, die Gothics sind und es gibt etliche Gothics, die sich Hexen nennen, doch im Prinzip haben diese beiden Lebensformen nichts miteinander zu tun. Einem Außenstehenden wird aber tatsächlich der Unterschied kaum deutlich. Allerdings kann das auch nützlich sein: Wenn Dich z.B. jemand fragt, ob Du eine Hexe bist und Du willst es ihm nicht erzählen, dann kannst Du einfach sagen, Du seist Gothic.
Eine andere Gruppierung, mit denen Hexen oft "in einen Topf" geworfen werden, sind die Satanisten. Eine Ursache dafür sind die vielen Ammenmärchen, die im Mittelalter über Hexen verbreitet wurden und noch heute nachwirken. Noch immer spuken Bilder von bösartigen Hexen, die schwarze Magie betreiben und den Teufel verehren in den Köpfen vieler Menschen herum. Viele denken auch angesichts eines Pentagramms gleich an Satanismus. Aber: Satanisten tragen das Pentagramm mit einer Spitze nach unten, Hexen mit einer Spitze nach oben!

Daß "normale Menschen" Hexen und Satanisten oft miteinander gleichsetzen, liegt unter anderem daran, daß auch Satanisten häufig schwarz gekleidet auftreten. Für sie hat das aber eine spezifisch symbolische Bedeutung: Für sie ist die Farbe Schwarz die Farbe des Teufels (Satan), und sie tragen diese Farbe als Zeichen ihrer Treue ihm gegenüber. Satanisten arbeiten auch mit Magie, allerdings hat ihre Magie zumeist negative Absichten und Energien, im Gegensatz zur Magie der Wiccahexen. Satanisten verwenden ebenfalls die Bezeichnung "Hexe", wiederum in anderer Bedeutung als Wiccas. Sie stehen in engerer Beziehung zu den Hexen des Mittelalters und fühlen sich von diesen stärker angezogen, da sie der Teufelsanbeterei bezichtigt wurden. Für sie ist eine Hexe jemand mit "bösen magischen Absichten", während Wiccahexen unter einer Hexe jemanden mit "guten magischen Absichten" verstehen, jemanden, der Menschen helfen will.
Und es gibt noch einen Unterschied. Innerhalb der Wicca kann sowohl ein Mann als auch eine Frau Hexe sein. Im Satanismus ist eine Hexe immer eine Frau.
Wenn ich in diesem Buch den Begriff "Hexe" verwende, meine ich damit also nicht die böse weibliche Hexe der Satanisten, sondern die Wicca-Hexe: eine Hexe, gleich ob Mann oder Frau, die Gutes tun und den Menschen helfen will

Hexen-Look

Wie in vielen anderen Religionen haben auch Hexen ein Symbol, das sie gerne tragen. Sie tragen ein Pentagramm um den Hals. Manchmal ruft das Schwierigkeiten hervor. So ist es in den USA einmal vorgekommen, daß junge Hexen aus dem Klassenzimmer verwiesen wurden, weil sie Pentagramme trugen. Ich rate daher Hexen folgendes: Tragt das Pentagramm nicht öffentlich an Orten, wo man sich in bestimmter religiöser Absicht betätigt, wie z.B. einer Kirche, oder an anderen Orten, wo ihr mit Schwierigkeiten rechnen könnt, wie etwa in der Schule. Legt das Pentagramm nicht ab, aber tragt es unter der Kleidung. Ihr habt das Recht, ein Symbol zu

tragen, das für Euch wichtig ist. Christen tragen schließlich auch ein Kreuz oder einen Fisch um den Hals. Wenn Du ein solches Symbol ablegst, gibst Du damit den anderen mehr Recht auf ihre Symbole der Glaubensäußerung als Dir selbst. Ich selbst trage mein Pentagramm immer. Ich lege es nie ab, nicht unter der Dusche und auch nicht wenn ich zu Bett gehe. Für mich ist es fast wie ein Tattoo, ein Stück von mir, das ich nicht einfach ausziehen und weglegen kann.
Wenn ich wirklich ein Pentagramm eintätowiert hätte, würde es schließlich auch jeder sehen können, wenn ich etwa ins Schwimmbad ginge. Natürlich ist nicht damit gemeint, daß Du Dich mit Pentagrammen und anderen Symbolen behängen sollst, wie einen Weihnachtsbaum. Man muß es ja auch nicht übertreiben. Ein Christ oder eine Christin läuft schließlich auch nicht den ganzen Tag mit der Bibel unter dem Arm durch die Gegend.

Hexenfreunde

Junge Hexen fühlen sich oft ziemlich allein auf der Welt. Sie fühlen sich von Ihrer Familie nicht verstanden, Klassenkameraden machen einen Bogen um sie, wenn sie erfahren, daß ihre Mitschülerin eine Hexe ist, mancher hat Angst vor ihnen oder gruselt sich. Sie begegnen nun auch nicht jeden Tag einer Hexe, sonst wüßten sie es sicher besser. Doch Du stehst nicht allein vor diesen Problemen. Es gibt eine Menge Hexen Deines Alters, die genau dieses Gefühl auch kennen. Überall auf der Welt gibt es sie, und sie sind genauso wie Du auf der Suche nach "Artgenossen". Vielleicht ist Deine Mitschülerin, die nach dem Unterricht immer so hurtig verschwindet und sich den Rest des Tages nicht mehr auf der Straße sehen läßt auch eine Hexe – wer weiß ... Ich habe mich auch oft gefragt, warum man nie einer anderen Hexe begegnet, obwohl es doch so viele gibt. Wenn Du dann wirklich mal einer begegnest, wird diese sich hüten, Dir zu erzählen, daß sie eine Hexe ist. Es ist nicht leicht, darüber einfach so zu sprechen. Vielleicht triffst Du auf jemanden, der auch ein Pentagramm trägt und beginnst darüber ein Gespräch. In der Regel mußt Du aber gezielt nach Hexen-Kollegen suchen. Ein leicht zugänglicher Treffpunkt ist das Internet, in dem sich Hexen in Chatrooms und anderen Diskussionsforen treffen können (gib einfach mal das Suchwort "Wicca" in die Suchmaschine ein, Du wirst staunen!). Manchmal lernen sie sich auch über Zeitungsannoncen oder in speziellen Hexen-Cafés kennen. Es kann lange dauern, bis Du andere Hexen findest, aber versuche es. Du stehst dann jedenfalls nicht mehr allein da.

Hexen-geschichte

Wir nennen Hexerei oder Wicca auch die "Alte Religion", das bedeutet aber nicht, daß die Hexerei, so wie wir sie heute kennen, auch wirklich alt ist. Wie alt Hexerei genau ist, weiß niemand. Wahrscheinlich gab es schon in grauer Vorzeit Menschen, die sich mit Magie beschäftigten. Diese Menschen nannte man natürlich noch nicht Hexen. Wir wissen allerdings, wie alt Wicca ist. Nach der Aufhebung der Hexengesetze in England 1951 trat ein Mann in der Öffentlichkeit auf, der von sich sagte er sei eine Hexe. Dieser Mann hieß Gerald Gardner. Er hat in der Folge viel für die modernen Hexen getan. Er versuchte sein Bestes, die wilden Fantasien der Menschen über Hexen und Hexerei in andere Bahnen zu lenken. Auch der Begriff "Wicca" geht auf ihn zurück.

Natürlich übte Gardner auch schon vor der Aufhebung der Hexengesetze seine Form der Hexerei aus. Man traf sich dazu in einem kleinen geheimen Kreis. Einen richtigen Boom erfuhr die Hexerei aber erst, nachdem Gardner sich öffentlich dazu geäußert hatte und über die Medien die Öffentlichkeit mit dem Thema in Kontakt brachte. Menschen, die sich auf seine Lehren berufen und seine Tradition fortführen, nennen sich Gardnerianer. Später kamen andere hinzu, die einen anderen Blick auf die Dinge hatten und die neue Traditionen begründeten. Einer von ihnen war Alex Sanders. Er behauptete, schon als kleiner Junge von seiner Großmutter eingeweiht worden zu sein, nachdem er sie nackt in einem magischen Kreis in der Küche hockend angetroffen hatte. Um die Sache geheim zu halten, habe sie ihn eingeweiht. Ob diese Behauptung so stimmt, wird durchaus von jenen bezweifelt, die seine Tradition fortsetzen (Alexandrianer), wie von anderen Hexen und sogar von seiner Witwe Maxine.

Wie dem auch sei, Alex Sanders war eine umstrittene, aber beliebte Person. Er liebte es, im Rampenlicht zu stehen (Gardner übrigens ebenso, allerdings übertraf ihn Sanders darin noch). So verriet er Journalisten z.B. einmal, wann und wo er mit seinem Hexenring ein Jahresfest feiern würde. Die wollten natürlich gerne mitmachen, wenngleich sie wußten, daß Nichteingeweihte nicht dabei sein durften. In der Nacht lagen die Fotografen dann im Gebüsch rund um den angegebenen Ort auf der Lauer. Später hat Sanders das den Mitgliedern seines Hexenkreises erzählt, die darüber natürlich nicht gerade begeistert waren.

Wir kennen eine ganze Reihe von Traditionen und Strömungen innerhalb der Wicca und es scheint, daß ständig neue dazukommen. Daher gibt es auch eine Menge verschiedener "Arten" von Hexen. Oft sind es keine traditionellen Hexen, sondern Hexen, die sich z.B. ausschließlich mit Elementen der keltischen Religion beschäftigen. Neben den großen Hauptströmungen existieren noch regionale Schulen. Diese entstehen, wenn eine Hexe ein Buch veröffentlicht und Menschen dies dann als Richtschnur nutzen. Weil es so viele verschiedene Richtungen gibt, sollen im folgenden einige näher beschrieben werden.

Gardnerianer

Hexen, die auf Basis der Lehren Gerald Gardners arbeiten. In den Niederlanden stellen die Gardnerianer die größte Gruppe. Sie legen besondere Betonung auf die praktische magische Arbeit.

Alexandrianer

Hexen, die auf Basis der Lehren Alex Sanders arbeiten. Die Unterschiede zwischen Gardnerianern und Alexandrianern sind eigentlich nicht so groß. Alexandrianer legen Wert auf die zeremonielle Arbeit und pflegen besonders feierliche Rituale. Sie sind in den Niederlanden die zweitgrößte Gruppe.

Dianiker

Dies ist eine Mischung aus Wicca und Feminismus. Szuszanna Budapest brachte Wicca in die USA. Dort war zu der Zeit die Auseinandersetzung mit Feminismus und Frauenemanzipation in vollem Gange. Da Wicca eine Religion ist, die in der Regel mehr die Göttin als den Gott betont, sind Wicca und Feminismus so zu einer

Einheit verschmolzen. Der größte Unterschied zwischen Dianiker, Gardnerianern und Alexandrianern besteht darin, daß bei den Dianikern (zumeist) keine Männer in den Covens (Hexengruppen) zugelassen sind.

Eklektische Hexen

Die neueste große Strömung innerhalb der Wicca ist die eklektische Strömung. Eklektische Hexen kennen keine Gründerväter wie die Gardnerianer oder Alexandrianer. Eklektische Hexen sind solche, die alle Elemente, die ihnen wichtig erscheinen, aus anderen Traditionen übernehmen. In den USA gibt es bereits eklektische Covens, die sich aus eine Anzahl von Solo-Hexen mit ähnlichen Glaubensüberzeugungen zusammensetzen (Solo-Hexen also, die sich jeweils einzeln auch mit Wicca beschäftigen). In den Niederlanden gibt es zur Zeit nur einige eklektische Solo-Hexen. Vielleicht entsteht auch hier in Kürze ein eklektischer Coven.

Andere Hexen

Die oben vorgestellten sind die großen Strömungen innerhalb der Wicca. Es gibt aber auch regionale Richtungen und Hexen, die sich auf einzelne Elemente hin ausgerichtet haben.

Muttersprachenhexen

Hexen, die alle Rituale und Texte ausschließlich in ihrer eigenen Muttersprache ausführen.

Keltisch orientierte Hexen

Hexen, die allein mit dem keltischen Pantheon (Götterwelt) arbeiten, eine Form der Hexerei, die oft sehr nahe am Druidentum liegt.

Küchenhexen

Hexen, die sich vornehmlich mit praktischer Arbeit befassen, dem Verarbeiten von Kräutern etwa.

Stadthexen

Hexen, die in der Stadt leben und sich mehr mit Wahrsagerei und Magie befassen als etwa mit Kräutern.

Daneben gibt es Hexen, die sich ausschließlich mit der Nordischen, Germanischen, Griechischen, Römischen oder Ägyptischen Götterwelt befassen. Es gibt Hexen, die vor allem auf dem Gebiet der Magie tätig sind, andere, die sich intensiv mit der Natur beschäftigen usw. Ebenso, wie sich die Menschen voneinander unterscheiden, unterscheiden sich auch die Hexen.

Wiccan Rede

zur Erklärung siehe Seite 20-23

Bide the Wiccan law we must,
In perfect love and perfect trust.

Live and let live,
Fairly take and fairly give.

Cast the circle thrice about,
To keep the evil spirits out.

To bind the spell every time,
Let the spell be spoken in rhyme.

Soft of eyes, and light of touch,
Speak ye little, listen much.

Deosil go by the waxing moon,
Chanting out the witches' rune.

Widdershins go by the waning moon,
Chanting out the banning rune.

When the Lady's moon is new,
Kiss ye hand to her, times two.

When the moon rides at her peak,
Then ye heart desire seek.

Heed the north winds' mighty gale,
Lock the door and drop the sail.

When the wind comes from the south,
Love will kiss thee on the mouth.

When the wind blows from the west,
Departed souls will have no rest.

When the wind blows from the east,
Expect the new and set the feast.

Nine woods in the cauldron go,
Burn them fast and burn them slow.

Elder be the lady's tree,
Burn it not or cursed thou be.

When the wheel begins to turn,
soon the Beltane fires burn.

When the wheel has turned to Yule,
Light the logs and Horned one rules.

Heed ye flower, bush and tree,
By the Lady, blessed be.

When the rippling waters go,
Cast a stone and truth you'll know.

When you have a true need,
Hearken not to other's greed.

With a fool no season spend,
Lest ye be counted as his friend.

Merry meet and merry part,
Bright the cheeks and warm the heart.

Mind the threefold law you should,
Three times bad and three times good.

When misfortune is anow,
Wear the blue star on thy brow.

True in love ever be,
Lest thy lover's false to thee.

Eight words the wiccan law fulfill:
„An' harm ye none, do as you will!"

Hexen-Glaube?

Ich rede jetzt schon die ganze Zeit über Hexen, den Glauben, den man Wicca nennt, darüber, das Wiccahexen nur Gutes im Sinn haben und Menschen helfen wollen. Aber was ist das eigentlich, der Wicca-Glaube? Ist das so ein Glaube, der Dir haarklein vorschreibt, was Du tun und was Du nicht tun darfst? Ich kann mir gut vorstellen, daß das nun nicht gerade das ist, worauf Du große Lust hättest. Im täglichen Leben ist man doch schon mehr als genug mit Regeln aller Art konfrontiert. Du mußt in die Schule, Deine Eltern erlauben Dir nicht so lange auszugehen, wie Du willst, Du darfst nicht bei Rot über die Ampel fahren und so weiter und so fort. Es gibt Regeln ohne Ende. Doch wer legt diese Regeln fest?

Als erstes gibt es Regeln und Gesetze, die der Staat bestimmt. Das sind Vorschriften wie: Du darfst nicht bei Rot über die Ampel fahren, Du darfst nicht stehlen, Du darfst nicht das Eigentum anderer zerstören, Du mußt Miete bezahlen usw.
Dann gibt es Regeln, die durch Deine Umgebung festgelegt werden, beispielsweise von Deinen Eltern, Deinem Chef, Deiner Schule, dem Sportverein usw. und schließlich gibt es Regeln, die vom Glauben bestimmt sind. Manche dieser Regeln stimmen mit denen des Staates etwa überein. Die Vorschrift: „Du darfst nicht stehlen" findest Du in allen Religionen und Ländern wieder. Andere religiöse Regeln wiederum ha-

ben mit den staatlichen Vorschriften nichts zu tun. Muslime essen beispielsweise kein Schweinefleisch, weil in ihrem Glauben Schweine unreine Tiere sind. Auch Juden haben strenge Essensvorschriften.

Wie sieht das bei Wicca aus? Welche Vorschriften gibt es dort, was darf eine Wicca und was darf sie nicht? Eigentlich kennt Wicca lediglich zwei Gesetze:

1. Tu was Du willst, aber schade damit niemandem.
2. Alles, was Du tust, wird dreifach zu Dir zurückkehren.

Diese beiden Regeln sagen schon alles. An erster Stelle steht, daß alles erlaubt ist, was niemandem schadet. Dazu ist es notwendig, immer vorher genau zu überlegen, was denn "Schaden" genau ist.
Diese Regeln leiten sich ab aus der *Wiccan Rede* (siehe rechts). Das ist ein englischsprachiges Gedicht, in welchem die Wicca-Prinzipien dargestellt sind. Verfaßt hat es die Hohepriesterin Gwen Thompson. Es existieren verschiedene Bearbeitungen dieses Gedichtes. Die oben abgedruckte Version basiert auf der Fassung des *Black Forest Coven* und wurde von mir bearbeitet. Da der Text so schwierig zu übersetzen ist, gibt es kaum wirklich schöne Übertragungen. Daher ist hier die Original-Fassung wiedergegeben, deren Inhalt im Folgenden erläutert wird.

Bedeutung der Wicca-Rede

Weil es so schwierig ist, die Wicca-Rede in schöne und dabei inhaltlich stimmige Reime zu übersetzen, will ich nun lediglich erläutern, was die einzelnen Versen inhaltlich bedeuten.
Schließlich ist es wenig sinnvoll, einen Text zu verwenden, dessen Bedeutung man nicht versteht.

Fragment	Aussprache	Bedeutung
Bide the Wiccan law we must, In perfect love and perfect trust.	*Baid de wikkan low wie must, In purfekt lov end purfekt trust.*	Wir müssen nach dem Hexengesetz leben, voller Liebe und in völligem Vertrauen.
Live and let live, Fairly take and fairly give.	*Liv end let liv, Ferlie teek end ferlie giv.*	*Leben und leben lassen, ehrlich nehmen und ehrlich geben; fair sein.*
Cast the circle thrice about, To keep the evil spirits out.	*Kast de curkol trais ebout Toe kiep de ievul spirrits out.*	Zieh den magischen Kreis dreimal, um das Böse abzuwehren.
To bind the spell every time, Let the spell be spoken in rhyme.	*Toe baint de spel evrie taim Let de spel bie spook in raim.*	Mach die Sprüche wirksam, indem Du sie im Reim sagst.
Soft of eyes, and light of touch, Speak ye little, listen much.	*Soft of ais end lait of tutsj, Spiek jie littel, lissin mutsj.*	Ein sanfter Blick, eine leichte Berührung, sprich wenig und höre lieber aufmerksam zu.
Deosil go by the waxing moon, Chanting out the witches' rune.	*Dieoosil go bai de weksing moen, Sjanting out de witsjes roen.*	*Dreh Dich beim zunehmenden Mond im Uhrzeigersinn und sing dabei die Hexenrune.*
Widdershins go by the waning moon Chanting out the banning rune.	*Wiedersjins go bai the waning moen, Sjanting out de benning roen.*	Dreh Dich gegen den Uhrzeigersinn bei abnehmendem Mond und sing dabei den Bannspruch.
When the Lady's moon is new, Kiss ye hand to her, times two.	*Wen de leedies moen is noew, Kiss jie hand toe hur taims toe.*	*Drücke der Göttin bei Neumond zwei Küsse auf die Hand.*
When the moon rides at her peak, Then ye heart desire seek.	*Wen de moen raids et hur piek, Ten jie hart diesair siek.*	Bei Vollmond sucht Dein Herz die Leidenschaft.
Heed the north winds' mighty gale,	*Hiet de nort winds maitie geel,*	Nimm Dich in acht bei Nordwinden. Schließe

Fragment	Aussprache	Bedeutung
Lock the door and drop the sail.	*Lok de door end drop de seel.*	die Türen und streiche die Segel.
When the wind comes from the south, Love will kiss thee on the mouth.	*Wen de wind koms from de sout, Lov wil kis die on the mout.*	Wenn Südwind weht, wird die Liebe Dich küssen.
When the wind blows from the west, Departed souls will have no rest.	*Wen de wind bloos from de west, Dieparted sools wil hef no rest.*	Weht der Wind von Westen, finden verirrte Seele keine Ruhe.
When the wind blows from the east, Expect the new and set the feast.	*Wen de wind bloos from de iest, Ekspekt the noew end set de fiest.*	Wenn der Wind aus dem Osten weht, erwarte das Neue und feiere ein Fest.
Nine woods in the cauldron go, Burn them fast and burn them slow.	*Nain woeds in the kauldrun ko, Burn tem fast end burn tem sloo.*	Neun Stücke Holz passen in den Kessel. Verbrenne sie schnell, verbrenne sie langsam.
Elder be the Lady's tree, Burn it not or cursed thou be.	*Elder bie de leedies trie, Burn it not or kurst douw be.*	Sehr alt ist der Baum der Göttin, ihn zu verbrennen, bringt Fluch auf Dich.
When the wheel begins to turn, Soon the Beltane fires burn.	*Wen de wiel biegins toe turn, Soen de belteen faires burn.*	Wenn der Jahreskreis sich dreht, brennen bald die Beltane-Feuer.
When the wheel has turned to Yule, Light the logs and Horned one rules.	*Wen de wiel hes turnt toe joel, Lait the logs and hornt wan roels.*	Wenn derJahreskreis zum Julfest gelangt, dann entzünde die Fackeln, der Gehörnte regiert.
Heed ye flower, bush and tree, By the Lady, blessed be.	*Hiet jie flauwers boesj end trie, Bai the leedie blessed bie.*	Sorge für die Blumen, die Bäume, die Sträucher. Die Göttin wird Dich dafür segnen.

Fragment	Aussprache	Bedeutung
When the rippling waters go, Cast a stone and truth you'll know.	*Wen de ripling wotters ko, Kast uh stoon and troef joel noo.*	*Wenn das Wasser unruhig ist, wirf einen Stein und Du wirst die Wahrheit erkennen.*
When you have a true need, Hearken not to other's greed.	*Wen joe hef uh troe niet, Harken not toe otters kriet.*	Auch wenn Du selbst in Not bist, vergreife Dich nicht am Eigentum anderer.
With a fool no season spend, Lest ye be counted as his friend,	*Wit uh foel noo siesun spent, Lest jie be countet es his frend.*	*Wenn Du Dich närrisch gibst, will niemand mit Dir befreundet sein.*
Merry meet and merry part, Bright the cheeks and warm the heart.	*Merrie miet end merrie part, Brait de tjieks end warm de hart.*	Kommt freudig zusammen und geht freudig nach Hause, das macht das Herz warm.
Mind the threefold law you should, Three times bad and three times good.	*Maint de triefolt low joe sjoet, Trie taims bed end trie taims koet.*	Denk an das Dreifach-Gesetz: dreimal gut und dreimal schlecht.
When misfortune is anow, Wear the blue star on thy brow.	*Wen misfortjun is anouw. Wer de bloe star on de brow.*	Trage bei Widrigkeiten den blauen Stern auf Deiner Stirn.
True in love ever be, Lest thy lover's false to thee.	*Troe is lov ever bie Lest dai lovers fals to die.*	Habe stets echte Liebe in Dir, betrüge nicht, sonst wirst Du betrogen.
Eight words the wiccan law fulfill; "An' harm ye none, do as you will!"	*Eet wurds de wikkun low foelfil: en harm jie non, doe es joe wil*	Acht Worte erfüllen das Hexengesetz: „Tu, was Du willst, solang es nicht schadet."

Das Dreifach-Gesetz

In der Wiccan-Rede steht geschrieben, daß alles, was Du tust, auf Dich zurückwirkt, dann aber dreimal so stark. Das bedeutet, daß wenn Du (trotz allem) einmal Böses tun solltest, es Dir ebenfalls schlecht ergehen wird. Tust Du aber Gutes, so wird man Dir Gutes erwidern. Das Gesetz, das dieses beschreibt, heißt das "Dreifach-Gesetz" (im englischen *Original Rule of Three* oder *Threefold Law*). Dieses Gesetz ist von Doreen Valiente geschrieben worden.

Rule of three

Ever mind the Rule of Three
Three times what thou givest returns to thee
This lesson well, thou must learn
Thou only gets what thou dost earn!

Auch diese Verse sind wieder nicht leicht zu übersetzen. Etwas freier übersetzt würden sie lauten:

Das Dreifach-Gesetz

Das Dreifach-Gesetz halt immer in Ehren
Was immer Du tust, wird dreifach zu Dir wiederkehren
Lern dies gut, daß Du gewinnst,
Dann erntest Du, was Du verdienst!

Ein Beispiel

Stell Dir vor, alle Deine Freunde gehen zu einer Party, die so bis 2 Uhr Nachts dauern wird. Deine Eltern sind davon überhaupt nicht begeistert. Sie erlauben Dir zwar, zu dieser Party zu gehen, sagen aber, daß Du um 11 Uhr zurück sein mußt. Natürlich findest Du das zuerst nicht fair, weil alle anderen bis zum Schluß der Party bleiben dürfen. Das sagst Du auch. Deine Eltern antworten dann, daß das, was alle anderen dürfen nicht auch automatisch Du darfst. Nun wirst Du sauer und schreist, das sei eine himmelschreiende Ungerechtigkeit. Deine Eltern beantworten diesen Ausbruch mit einer deutlichen Aussage: Die Party kannst Du Dir jetzt ganz aus dem Kopf schlagen und obendrein kriegst Du eine Woche Hausarrest für Dein unmögliches Betragen. Da wären doch wenigstens ein paar Stunden Vergnügen besser gewesen, selbst wenn Du früher nach Hause hättest gehen müssen. Dieses Beispiel spiegelt genau das zweite Wicca-Gesetz wieder. Du hast Schlechtes getan und es prompt doppelt und dreifach zurückbekommen. Die Regeln des Wicca verweisen auf Deine Eigenverantwortlichkeit. Sie schreiben nicht haarklein vor, was Du tun und was Du lassen sollst, sondern überlassen es ganz und gar Dir, das zu entscheiden. Du selbst mußt darüber nachdenken, wo für Dich die Grenzen liegen und mußt Dir darüber klar werden, daß allein Du für alles, was Du tust die Verantwortung trägst. Wie gesagt gibt es keine festgelegten Vorschriften, die Dir sagen, was Du glauben oder nicht glauben, was Du tun oder lassen sollst. Daher nennen wir Wicca auch eine Erfahrungsreligion. Das bedeutet, daß es wichtig ist, wie Du selbst die Dinge erfährst und erlebst. Du mußt für Dich festlegen, was gut und schlecht ist, was Du glauben willst und was nicht, auch wenn das etwas von dem abweicht, was die meisten anderen Menschen glauben oder gut finden.

Grundprinzipien

Es gibt eine Anzahl von Dingen, an die beinahe alle Hexen glauben, Dinge, die wir vielleicht ganz anders sehen, als andere Menschen mit anderen Religionen oder Riten. Auch das ist wieder eine persönliche Angelegenheit. Wenn beispielsweise jeder in Deiner Klasse Süßigkeiten toll findet, heißt das noch lange nicht, daß jeder die gleichen Süßigkeiten mag. Es folgen jetzt einige Grundprinzipien des Wicca:

Moderne Hexen glauben an eine Göttin und an einen Gott.
Moderne Hexen glauben, daß alles, was lebt, eine Seele besitzt.
Moderne Hexen glauben an die Kräfte der Natur und der Elemente.
Viele moderne Hexen glauben an ein Leben nach dem Tod (Reinkarnation).

Neben diesen Grundprinzipien gibt es noch eine Reihe anderer Dinge, an die moderne Hexen glauben, die gehören aber alle zu dem, was ich weiter oben schon beschrieben habe. Ich will jetzt versuchen, diese vier Grundprinzipien näher zu erläutern.

Moderne Hexen glauben an eine Göttin und an einen Gott

Warum eine Göttin und ein Gott? Viele Hexen finden, daß die Welt zu sehr auf Männer ausgerichtet ist. Dazu kommt, daß früher in vielen alten Kulturen die Göttin für wichtiger erachtet wurde, als der Gott. Darüber hinaus glauben Hexen aber, daß es immer ein Gleichgewicht zwischen allem gibt. Im Osten ist dieses Gleichgewicht als das Yin und Yang-Prinzip bekannt. Darum glauben Hexen an einen (männlichen) Gott und eine (weibliche) Göttin. Diese Götter sind anders, als die Götter, die in den verschiedenen Weltreligionen beschrieben werden. Sie führen keinen Kampf gegen eine Teufelsfigur und sie strafen die Menschen auch nicht durch Mißernten oder so etwas. Die beiden

Gottheiten werden mit unterschiedlichsten Namen angerufen, die wir aus der Mythologie kennen. Namen aus der Keltischen Mythologie finden ebenso Anwendung wie Namen aus den Mythologien der Griechen, Römer, Germanen oder Ägypter. Daß wir so viele Namen für die Gottheiten benutzen, bedeutet nicht, daß wir an alle möglichen verschiedenen Göttinnen und Götter glauben.
Alle Göttinnennamen sind Namen für die eine Göttin und alle Götternamen sind Namen für den einen Gott. Du fragst Dich vielleicht, warum wir dann so viele verschiedene Namen verwenden, wenn es doch nur um eine Göttin und einen Gott geht? In den alten Religionen, denen wir die vielen mythologischen Namen verdanken, glaubte man an eine Vielzahl von Göttern, von denen jeder eine besondere Fähigkeit hatte. So gab es Liebesgötter, Kriegsgötter, Götter für die Jagd, Schutzgötter für Reisende usw. Jede Göttin und jeder Gott hatte ihren bzw. seinen eigenen Aufgabenbereich. Zusammen herrschten sie über das Weltall. Wenn wir im Wicca die Gottheiten mit einen bestimmten Namen anrufen, bedeutet das, daß wir in der Namenwahl eine bestimmte Eigenschaft der Göttin oder des Gottes anrufen, die früher von dem entsprechenden Gott verkörpert wurde.
Früher sah man die Göttinnen und Götter nicht als allmächtige Wesen, die fernab irgendwo auf einer Wolke sitzend alles hier auf Erden mit eiserner Hand regieren. Im Wicca geht es darum, die Gottheiten in Dir selbst zu erfahren. Wir haben alle etwas Göttliches in uns, daß wir entdecken und kennenlernen, daß wir lieben und von dem wir lernen können. Wir müssen würdig sein, das Göttliche in uns tragen zu dürfen.
Wenn Du den Weg des Wicca gehst, ist es wichtig, Dich den Gottheiten vorzustellen, sie kennenzulernen, ihnen zu erzählen, daß Du gerne ihre Tochter oder ihr Sohn werden möchtest und sie um Unterweisung und Einweihung in die Hexerei zu bitten. Dazu ist es natürlich hilfreich die mythologischen Erzählungen über die Götter zu kennen. Es gibt zahlreiche Bücher über die Mythologie der Kelten, Griechen, Römer, Germanen und Ägypter, in denen Du das nachlesen kannst.
Im Wicca werden eine Reihe von Namen besonders häufig für die Gottheiten verwendet. Für die Göttin sind das etwa: Aradia, Astarte, Diana, Bridget, Kali, Hera, Isis, Gaia und Athena. Für den Gott sind es: Cernunnos, Karnayna, Pan, Lucifer, Bell, Lugh oder Osiris.
Es ist nicht zu raten, diese Namen zu verwenden, solange Du nicht weißt, welche Eigenschaften jeweils zu welchem Namen gehören! Stell Dir nur einmal vor, Du rufst den Gott in seiner Eigenschaft als Kriegsgott an, um ihn zu bitten Dir Deinen Ex-Freund zurückzubringen. Dazu hättest Du besser die Liebesgöttin angerufen!
Nicht alle Hexen rufen die Gottheiten mit den oben genannten Namen an. Es sind auch andere Namen gebräuchlich, die aus den Mythologien anderer alter Kulturen stammen.
Manchmal werden sogar gar keine speziellen Namen benutzt, sondern sie werden angerufen als Große Göttin, Mutter Erde, Göttin des Mondes, Gehörnter Gott, Ge-

hörnter Jäger, Herr des Waldes oder einfach nur Mutter-Göttin oder Vater-Gott. Faktisch kommt es nicht darauf an, wie Du die Gottheiten benennst – jeder macht das auf seine eigene Weise. Du mußt es auf die Weise tun, die Du für gut hälst. Am besten aber lernst Du die Gottheiten erst einmal genau kennen, bevor Du sie in ihren jeweiligen Eigenschaften anrufst.

Bekanntmachen mit den Gottheiten

Vorbereitung:

- Lies das Ritual einige Male aufmerksam durch und lerne auswendig, was Du sagen mußt.
- Zieh Kleider an, die auch ein wenig Schmutz und Feuchtigkeit vertragen können.
- Wähle etwa aus einem Buch eine Abbildung der Göttin aus, die Dir gut gefällt und von der Du Dich angesprochen fühlst. Nimm z.B. eine Abbildung von Athene, Diana oder Isis. Kopier Dir das Bild heraus oder markiere es im Buch mit einem eingelegten Zettel.
- Wähle dann eine Abbildung des Gottes aus, die Dir gut gefällt und von der Du Dich angesprochen fühlst. Nimm z.B. eine Abbildung von Cernunnos oder Pan. Kopiere Dir das Bild heraus oder markiere es im Buch mit einem eingelegten Zettel.
- Nimm etwas Brot und Wasser mit hinaus.

Das Ritual

- Geh hinaus in die Natur und suche Dir einen schönen Baum aus.
- Schlage nun das Bild der Göttin im Buch auf (oder die Kopie) und lege es etwa 2 Meter vom Baum entfernt auf die Erde, so daß Du bequem darum herum gehen kannst.
- Gehe im Uhrzeigersinn in einem Kreis um das Buch und den Baum herum. Halte den Kreis so groß, daß Du darin ausgestreckt liegen kannst. Während Du im Kreis gehst sagst Du:

  „Ich (Dein Name) reinige diesen Ort
  von allem Bösen, das hier je geschah,
  weil ich an diesem Ort die Götter treffen möchte."

- Nun stellst Du Dich in den Kreis und sagst:

  „Große Göttin, Mutter Erde,
  Ich (Dein Name) möchte gern Deine Tochter / Dein Sohn werden.
  Hier an diesem Ort möchte ich Dich kennenlernen,
  und die Wege gehen, auf die Du mich führst."

- Anschließend legst Du Dich bäuchlings im Kreis auf den Boden.

- Bleibe so einige Minuten liegen. Versuche die Göttin zu spüren, zu hören, zu sehen oder zu riechen. Achte auf die Gefühle, die in Dir aufsteigen. Vielleicht schießen Dir spontan irgendwelche Worte durch den Kopf. Betrachte diese Worte als von der Göttin kommend und versuche, darauf zu antworten.
- Wenn Du das Gefühl hast, die Göttin gesehen, gehört, gefühlt oder sonstwie erfahren zu haben, dann bedanke Dich, daß sie sich Dir gezeigt hat und erhebe Dich langsam wieder.
- Nimm dann das Buch und schlage die Abbildung des Gottes auf. Lehne das Buch gegen den Baum und setze Dich mit dem Rücken zum Stamm auf die andere Seite des Baumes oder umarme den Baum, wenn Du das schöner findest. Dabei sagst Du:

„Großer Gott, Herrscher des Waldes,
Ich (Dein Name) möchte gern Deine Tochter / Dein Sohn werden.
Hier an diesem Ort möchte ich Dich kennenlernen,
und die Wege gehen, auf die Du mich führst."

- Bleib einige Minuten am Baum sitzen oder halte einige Minuten den Baum umarmt und versuche den Gott zu fühlen, zu hören, zu sehen oder sonstwie Kontakt mit ihm aufzunehmen, genauso, wie Du versucht hast, die Göttin zu erspüren.
- Wenn Du das Gefühl hast, den Gott gesehen, gehört, gefühlt oder sonstwie erfahren zu haben, dann bedanke Dich, daß er sich Dir gezeigt hat und erhebe Dich langsam wieder.
- Gieße etwas Wasser auf den Boden und vergrabe ein Stückchen Brot in der Erde während Du folgendes sagst:

„Ich teile mein Essen mit der Natur,
von der ich es erhalten habe."

- Iß danach den Rest des Brotes und trinke den Rest des Wassers.
- Nun ist das Ritual beendet.

Viele Hexen lesen während ihres Ritual den Auftrag der Göttin oder den Auftrag des Gottes (im engl. Original: *Charge of the Goddess/God*). Dies ist ein ritueller Text, der über die Göttin / den Gott erzählt, wie sie / er ist und wie wir am besten mit ihr oder ihm umgehen können.

Der Auftrag der Göttin

Hört auf die Worte der Großen Mutter,
Die seit alters her von den Menschen mit diesen Namen benannt wird:
Artemis, Astarte, Athene, Dione, Melusine,
Aphrodite, Cerridwen, Dana Arianrhod,
Isis, Bride, und vielen anderen Namen.
Wenn ihr etwas braucht, dann kommt einmal im Monat,
am besten bei Vollmond, an einem geheimen Ort zusammen,
um mich zu ehren, die Königin aller Hexen.
Kommt zusammen, ihr, die ihr die Hexerei lernen wollt,
aber die ihr das tiefste Geheimnis noch nicht kennt.
Euch will ich die Dinge lehren, die ihr noch nicht wißt.

Ihr sollt befreit sein von Sklaverei
und als Zeichen eurer wirklichen Freiheit,
sollt ihr nichts tragen, was euch hindert, euch frei zu fühlen.
Bei Ritualen seid nur in Luft gekleidet.
Tanzt und singt und feiert,
musiziert und liebt einander, mir zur Ehre.
Denn von mir kommt das Entzücken des Geistes,
die Freude auf Erden.
Denn mein Gesetz ist Liebe für alle Wesen.

Halte Deine höchsten Ideale rein und klar, und strebe ihnen allezeit nach,
Laß durch nichts dich davon abhalten oder stören.
Bei mir ist die geheime Tür, die sich auftut ins Land der Jugend.
Von mir ist der Kelch des Lebenswassers,
der Heilige Gral der Unsterblichkeit.

Ich bin die allmächtige Göttin,
welche die Gabe der Freude in die Herzen der Menschen gießt.
Auf Erden lehre ich die spirituellen Geheimnisse,
nach dem Tod schenke ich Frieden, Freiheit und Wiedergeburt.
Ich fordere keine Opfergaben,
denn ich bin die Mutter von allem, was lebt,
und meine Liebe ist verteilt über die ganze Erde.

Hört auf die Worte der Göttin der Sterne,
Im Staub ihrer Füße sind die himmlischen Legionen verbunden,
ihr Körper umarmt das Universum.

Ich bin die Schönheit der grünen Erde,
das Weiß am Himmel,
das Mysterium des Wassers,
und die Sehnsucht in den Herzen der Menschen.
Erhebt euch und kommt zu mir,
denn ich bin die Seele der Natur,
die das Universum mit Liebe erfüllt.
Ich bin der Quell aller Dinge,
und zu mir kehrt alles zurück.
Verehrt mich durch die Freude eurer Herzen,
denn siehe, alle Taten aus Liebe und Freude sind von mir.
Darum laßt Schönheit und Kraft in euch herrschen,
Macht und Mitleid, Ehre und Demut, Fröhlichkeit und Ehrfurcht vor euch selbst.

Und ihr, die ihr so unermüdlich nach mir sucht,
wißt, daß eure Suche und euer Verlangen zu nichts führen wird,
solange ihr das Geheimnis nicht kennt.
Wenn ihr die Hexe in euch selbst nicht findet,
dann werdet ihr sie auch außen nicht finden.
Doch wisset:
Ich war bei euch von Anbeginn der Zeit
und ich bin das Ziel am Ende all eurer Sehnsucht.

Der Auftrag des Gottes

Hört auf die Worte des Großen Vaters,
der seit alters her mit vielen Namen angerufen wird:
Osiris, Adonis, Zeus, Thor, Pan, Cernunnos,
Herne, Lugh und vielen anderen Namen.

Mein Gesetz ist die Harmonie der Dinge.
Mein Geheimnis ist der Schlüssel zur Pforte des Lebens.
Mein ist auch das Salz der Erde,
der ewige Kreislauf der Wiedergeburt.

Ich bin der Spender der Lebensweisheit,
Und ich gebe das Versprechen der Wiedergeburt
und Erneuerung nach eurem Tod.
Ich bin der Großmütige, der Vater aller Dinge,
und mein Schutz ruht auf der Erde.

Hört nun die Worte des tanzenden Gottes,
die Musik seiner Gefühle, den Wind,
dessen Stimmen nach den Jahreszeiten heißen.
Ich, der ich der Meister der Jagd bin, die Kraft des Lichtes,
die helle Sonne und die Kraft des Feuers,
rufe euch alle, zu mir zu kommen.
Denn ich bin die Kraft der Erde und alles, was darauf lebt,
wird durch mich sterben
und durch mich wiedergeboren werden.
Laß jede Seele und jeden Körper mich ehren,
denn sie alle und die Kraft des Willens sind meine Schöpfung.

Laß darum Verlangen und Schüchternheit sein,
Bosheit und Schwachheit,
Freude und Frieden, Scham und Sehnsucht.
Finde das geheimnisvolle Gleichgewicht in dir und in mir,
denn jeder Beginn hat ein Ende
und jedes Ende kennt einen neuen Anfang.

Alles, was lebt, hat eine Seele

Wir glauben, daß jeder Mensch Respekt vor allem, was da lebt, haben muß. Nicht nur anderen Menschen, sondern auch Tieren, Pflanzen, Bäumen oder Steinen gegenüber. Dazu gehört natürlich die Regel „Du sollst nicht töten". Das bezieht sich nicht nur auf das Töten von Menschen, auch auf das Töten von Tieren , das nicht notwendige Absägen von Bäumen usw. Überdies: Wenn man glaubt, daß alles eine Seele hat, dann ist Töten eine böse Tat und wird nach dem Dreifach-Gesetz dreifach auf Dich zurückfallen. Das bedeutet nun nicht, daß Du selbst stirbst, sondern vielmehr, daß "etwas in Dir abstirbt", wenn Du ohne Not lebende Geschöpfe tötest; es stirbt die Liebe in Dir ab.

Das heißt aber auch nicht, daß Du niemals eine Fliege oder Mücke erschlagen darfst, weil sie Dir lästig fällt. Ich kann allerdings dann nicht umhin, „*Sorry*" zu sagen und dafür um Entschuldigung zu bitten. Es bedeutet aber auf jeden Fall, daß Du niemals grausam gegenüber Lebewesen sein darfst, wenn es vielleicht auch noch so reizvoll erscheinen mag, einer Spinne die Beine auszureißen. Du würdest es auch nicht lustig finden, wenn eine Spinne Dir jedes Haar einzeln aus dem Kopf rupfen würde ...
Für die eine Hexe geht die Liebe zu allem Lebendigen weiter als für die andere. Viele sind überzeugte Anhänger von Organisationen wie Greenpeace, WWF, Unicef oder ähnlichen.

Die Kräfte der Natur und der Elemente

Moderne Hexen feiern die Vollmondfeste nicht nur, weil der Mond ein Symbol der Göttin ist, sondern auch weil sie glauben, daß der Stand des Mondes direkten Einfluß auf ihr tägliches Leben ausübt. Sie laden sich dann mit dem Vollmondlicht auf, so daß sie wie dieser voller Energie stecken.

Nicht nur der Mond beeinflußt das Leben. Auch die fünf Elemente Erde, Wasser, Luft, Feuer und Seele können das. Das läßt sich ganz leicht zeigen: Wenn es beispielsweise draußen den ganzen Tag regnet (Wasser), hast Du ganz schnell eine düstere Stimmung, oder Du hast nur Lust, den Tag vor dem Fernseher zu verbringen, mit Sicherheit aber hast Du kaum Lust, Dich Deiner Hausarbeit zu widmen. Wenn die Sonne scheint (Feuer), dann fühlst Du Dich gleich viel lebendiger, kraftvoller und Du hast viel mehr Lust, schöne Dinge zu tun.

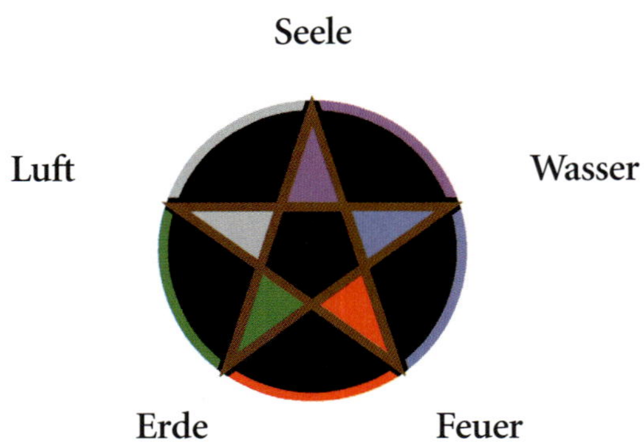

In ihren Ritualen nehmen die Hexen die Kraft der Elemente auf und leiten sie zu den Menschen, die sie nötig haben, um diese zu heilen oder ihnen sonst irgendwie zu helfen. Das "Weiterleiten der Kraft" nennen wir auch Magie (mehr darüber im Kapitel "Hexenarbeit").

Reinkarnation

Viele Menschen glauben an ein Leben nach diesem irdischen Leben und richten ihr diesseitiges Leben ganz auf das Leben nach dem Tode aus. Sie glauben, daß das Leben dazu dient, zu lernen und man immer wieder in das irdischen Leben zurückkehrt, um weiter zu lernen, bis man "ausgelernt" hat. Das Hexen an ein Leben nach diesem Leben glauben, bedeutet noch nicht, daß sie nicht an einen Himmel oder dergleichen glauben. Nach ihrer Ansicht kommt der erst, wenn man ausgelernt hat. Allerdings gibt es sehr wohl auch Hexen, die überhaupt nicht an ein voriges oder folgendes Leben glauben.

Normalerweise erinnerst Du Dich nicht an ein voriges Leben, es sei denn, Du gerätst in Situationen, in denen Du etwas wiedererkennst, was Du bestimmt nicht vorher in Deinem aktuellen Leben erlebt haben kannst. So kann es sehr wohl geschehen, daß jemand im Urlaub ein Gebäude besichtigte und ohne Führung den Weg wußte, alles über dieses Haus erzählen konnte, obgleich er noch niemals dort gewesen war und niemals etwas über dieses Haus gelesen hatte.
Manche moderne Hexen glauben, daß sie in ihrem vorigen Leben auch schon eine Hexe waren. Ich habe schon Hexen erzählen hören, daß sie im Mittelalter auf dem Scheiterhaufen verbrannt worden seien. Natürlich kannst Du das Erfindung nennen, aber Du kannst auch nicht völlig ausschließen, daß etwas davon stimmt. Schon erstaunlich, daß eine solche Hexe genau den Platz beschreiben kann und auch ihren Namen nennen kann, den sie in ihrem vorigen Leben trug und Du dann später in einem Museum, in dem diese Person sicher niemals war, genau diesen Ort beschrieben und auch in den Akten des entsprechenden Hexenprozesses genau diesen Namen findest ...

Man kann wissenschaftlich nicht nachweisen, daß es ein voriges oder ein folgendes Leben gibt. Es ist etwas, das Menschen glauben. Man muß auch nicht alles wissenschaftlich beweisen, was Menschen glauben.
Viele Hexen nennen Wicca darum auch eine Mysterienreligion. Das will sagen, daß diese Religion auf einer Reihe von Mysterien fußt, die allein die Gottheiten wissen können und dürfen. Wenn wir Menschen diese Dinge würden wissen dürfen, hätten uns die Gottheiten sie längst erzählt. Vielleicht halten sie diese Mysterien aber auch vor uns verborgen, nicht weil wir sie nicht wissen dürfen, sondern weil wir einfach noch nicht fähig sind, sie zu begreifen. Vielleicht eröffnen sie uns die Mysterien später, wenn wir weiser geworden sind.

HEXEN-FESTE

Hexen feiern acht Jahresfeste (Sabbats) und die Vollmondfeste (Esbats), von denen es zwölf bzw. dreizehn im Jahr gibt. Die acht Jahresfeste hängen mit dem Zyklus der Jahreszeiten zusammen. Sie entstammen den alten germanischen bzw. keltischen Religionen. Diese Feste werden meistens am Vorabend des betreffenden Datums gefeiert.

- **Samhain** (ausgesprochen: „sauwien") auch Halloween genannt; 31. Oktober; Hexenneujahr
- **Julfest:** (ausgesprochen: „juul") Mittwinter; 21. Dezember
- **Imbolc:** (ausgesprochen: „immbolk") auch Brigid genannt; 1. Februar (Lichtmeß)
- **Ostara:** (ausgesprochen: „ostarra") Frühlingsfest, 21. März
- **Beltane:** (ausgesprochen: „belteen") auch Walpurgisnacht genannt; 1. Mai
- **Litha:** (ausgesprochen: „lia") Mittsommer; 21. Juni
- **Lughnasadh** (ausgesprochen: „luness") auch Lammas genannt; 1. August
- **Mabon** (ausgesprochen: „meebun") Herbstfest; 21. September

Jahresfeste

Hexen feiern also acht Jahresfeste. Diese kann man in zwei Gruppen einteilen. Die Ackerbaufeste sind die ältesten. Diese nennen wir auch die "großen Sabbate". Die Ackerbaufeste sind Samhain, Imbolc, Beltane und Lughnasadh. Sie haben direkt mit dem Kreislauf des Lebens zu tun. An Samhain werden Tod und Wiedergeburt gefeiert, an Imbolc die Geburt. Beltane ist die Zeit der Paarbildung und Lughnasadh die der Hochzeit. Diese Feste symbolisieren also den Lebenslauf: wir werden geboren, wir heiraten, wir werden alt und sterben. Die zweite Gruppe sind die Sonnenfeste: Mittwinter, Ostara, Mittsommer und Mabon. Sie werden auch die "kleinen Sabbate" genannt. Diese Feste symbolisieren den Zyklus der Jahreszeiten.

Samhain

Farben:	Schwarz, Orange, Rot
Andere Namen:	Halloween, Hallowmas, All Hallows' Eve (Allerheiligen), Day of the Dead (Tag des Todes), Feast of Spirits (Fest der Toten), Third Harvest (Dritte Ernte), Samonios, All Saints' Eve, Martinmas, Celtic New Year (Keltisches Neujahr), Samhuinn, Celtic Winter (Keltischer Winter), Samana, Festival of Pamona, Vigil of Samana, Hallowe'en, Vigil of Todos, Santos
Symbole:	Besen, Masken, Kessel, abnehmender Mond
Götter:	Alle Musen, der tote Gott
Aktivitäten:	Divination, Erinnern an Verstorbene, Meditation, Trocknen der Winterkräuter
Volksglaube:	Reisen im Dunkeln, Essen von Trauben und Beeren
Tiere:	Fledermaus, Katze, Hund
Steine:	Obsidian, Onyx
Pflanzen:	Apfel, Paprika, Kürbis
Bedeutung:	Weisheit der Musen, Tod des Gottes, Wiedererlangung unseres Platzes im Jahreskreis, dem Tod Ehre bezeugen, Ende des Sommers, das neue Jahr (keltisch)
Passender Tee:	Apfel, Salbei, Baldrian
Rituelle Öle:	Weihrauch, Basilikum, Ylang-Ylang, Kampfer, Flieder
Spezielle Göttinnen:	Alle Musen, Al-lat (ägyptisch), Babd (irisch), Bebhionn (irisch), Brunhilde (germanisch), Carlin (schottisch), Cerridwen (walisisch/schottisch), Devanyani (indisch), Edda (nordisch), Eris (griechisch), Frau Holle (germanisch), alle Unterweltgöttinnen, Baba Yaga (russisch), Bast (ägyptisch), Bronach (irisch), Caillech/Caillec (irisch/schottisch), Cassandra (griechisch), Crobh Dearg (irisch),

	Dolya (russisch), Elli (germanisch), Fortuna (griechisch/römisch), Frigga/Freya (nordisch), Hakea (polynesisch), Hel (nordisch), Inanna (mesopotamisch), Kali (hinduistisch), Kele-De (irisch), Macha (irisch), Mari (hinduistisch), Marzana (slawisch), Nicnevin (englisch/schottisch), Psyche (griechisch), Remati (tibetanisch), Zorya Verchernaya (slawisch), Hecate (griechisch), Ishtar (babylonisch), Kalma (finnisch), Lilith (hebräisch), Mara (persisch), Mari-Ama (nordisch), The Morrigu/Morrigan (keltisch), Pamona (römisch), The Queen of Elphame (schottisch), Rhiannon (walisisch)
Spezielle Götter:	Alle Götter des Todes, alle alten Götter, alle Götter der Unterwelt, Am-Heh (ägyptisch), Arawn (walisisch), Corn Father (indianisch), Coyote Brother (indianisch), Dis (römisch), Eite-Ade (etruskisch), Hades (griechisch), Heimdall (nordisch), der Große Gehörnte Gott (europäisch), Kronos/Cronus (griechisch), Loki (nordisch), Madhera (lappisch), Nefertum (ägyptisch), Odin (nordisch), Pluto (griechisch/römsich), Rangi (polynesisch), Samana (indo-europäisch), Sekhet (ägyptisch), Wotan (germanisch), Xocatl (aztekisch)
Tradition:	Es ist Tradition, in der Samhain-Nacht eine Schüssel mit Lebensmitteln als Wegzehrung für die Seelen der Toten nach draußen zu stellen. Eine ins Fester gestellt Kerze führt sie in die Lande des ewigen Sommers. Vergrabene Äpfel dienen ihnen als Nahrung auf der Reise in die Unterwelt.

Julfest

Farben:	Rot, Grün, Weiß, Gold
Andere Namen:	Mittwinter, Sun Return, Alban Arthan, paganistisches Neujahr, Saturnalien, Wintersonnenwende, Finn's Day, Julzeit, Festival of Sol, Great Day of the Cauldron, Festival of Growth
Symbole:	Immergrüne Bäume (Kiefer, Eibe, Fichte), ein Rad mit acht Speichen, drehende Räder
Götter:	Neugeborener Gott, dreifaltige Göttin
Aktivitäten:	den Julbaum dekorieren, Geschichten erzählen
Volksglaube:	Reisen, löschen von Feuer
Tiere:	Zaunkönig/Schneekönig (Vogel), Eichhörnchen, Hirsch
Steine:	Blutstein, Rubin, Granit
Pflanzen:	Immergrüne Pflanzen, tropische Blumen, Ananas, Baldrian

Bedeutung:	Die Wiedergeburt des Gottes, Ehrbezeugung gegenüber der dreifaltigen Göttin, Rückkehr der Sonne, Neujahr
Passender Tee:	Zimt, Weide
Rituelle Öle:	Rosmarin, Myrrhe, Safran, Zeder, Ananas, Ingwer, Wintergrün (Pyrola)
Spezielle Göttinnen:	Alle spinnenden Göttinnen, Albina (toskanisch), Angerona (römisch), Anna Perenna (römisch), Befana (italienisch), Changing Woman (apachie), Eva (hebräisch), Fortuna (griechisch/römisch), Frigga/Freya (nordisch), Gaia (griechisch), Hannah (mesopotamisch), Kefa (ägyptisch), Lilith (hebräisch), Lucina (italiensich), Ma'at (ägyptisch), Metzli (aztekisch), Nox (römisch), NuKua (chinesisch), Pandora (griechisch), Pax (römisch), Shekinah (hebräisch), Spinning Woman (indianisch), Thea (griechisch), Tiamat (babylonisch), Jungfrau Maria (christlich), Yachimato-Hime (japanisch), Zvezda (slawisch)
Spezielle Götter:	Alle wiedergeborenen Sonnengötter, Aker (ägyptisch), Apollo (griechisch/römisch), Attis (ägyptisch), Balder (nordisch), Braggi (nordisch), Father Sun (indianisch), Helios (griechisch), Hyperion (griechisch), Janus (römisch), Jesus (christlich), Kronos/Cronus (griechisch), Lugh (irisch), Maui (polynesisch), Mitra (indo-europäisch), Mithras (persisch), Ngau (maori), Nurelli (aboriginal), Oka/Holly King (keltisch), Odin (nordisch), Ra (ägyptisch), Saturn (römisch), Sol (römisch), Ukko (finnisch), Yachimato-Hiko (japanisch)
Tradition:	Eine alte, immer noch praktizierte Tradition ist das Dekorieren eines Julbaumes – heutzutage der Weihnachtsbaum. Dies kann ein lebender Baum mit Wurzelballen sein, der später in den Garten gepflanzt wird, oder ein abgesägter Baum.

Imbolc

Farben:	Weiß, Gelb, Rosa
Andere Namen:	Imbolg, Oimelc, Candlemas, Distinge-tide, Fest der Brigid, Lichtmeß, Fest der Jungfrau, Festival der Milch, Anagantios, Blasiusfest, Candlelaria
Symbole:	Kerzen, die Braut, Kornpüppchen
Götter:	Junge Göttinnen und Götter, alle jungfräulichen Göttinnen
Aktivitäten:	Kerzen abbrennen, nach Frühlingsanzeichen suchen
Volksglaube:	Pflanzen abpflücken oder ihnen sonst ein Leid antun
Tiere:	Schaf, Lamm, Drache, Hirsch, Rotkehlchen

Steine:	Türkis, Amethyst
Pflanzen:	Immergrüne Pflanzen, Weide, Rosmarin, Klee, Dill
Bedeutung:	Ehrung der jungfräulichen Göttin, die ersten Anzeichen der Rückkehr des Lichts, Fest des Lichtes
Passender Tee:	Kamille, Rotklee, Rosmarin, Brombeere
Rituelle Öle:	Jasmin, Aprikose, Olive, Nelke
Spezielle Göttinnen:	Alle jungfräulichen Göttinnen, alle feurigen Göttinnen, Anu (irisch), Aradia (toskanisch), Arachne (griechisch), Arani (indo-europäisch), Arianrhod (walisisch), Artio (gallisch), Athena (griechisch), Attar, (arabisch), Audhumla (germanisch), Branwen (walisisch), Bridgid/Brid (irisch), Brunhild (germanisch); Cardea (römisch), Februa (römisch), Frimia (germanisch), Gaia (griechisch), Inanna (mesopotamisch), Kebehut (ägyptisch), Laufey (germanisch), Lucia (nordisch), Lucina (römisch), Selene (griechisch), Triduana (schottisch), Vesta (römisch)
Spezielle Götter:	Alle geflügelten Götter, alle feurigen Göttern, Bannik (slawisch), Braggi (nordisch), Cupido/Eros (römisch/griechisch), Dianichi (japanisch), Diancecht (irisch), Dumuzi (mesopotamisch), Essus (gallisch), Februus (römisch), Pax (römisch), Trusto (germanisch)
Tradition:	Es ist Tradition, an Imbolc beim Dunkelwerden bzw. nach dem Ritual überall im Haus für einen Moment alle Lampen anzumachen oder Kerzen in jedem Raum zu entzünden, um dem zurückkehrenden Licht die Ehre zu erweisen.

Ostara

Farben:	Grasgrün, Gelb, Rosa, alle Pastellfarben, alle Rottöne, Blau
Andere Namen:	Eostre's Tag, Spring Equinox, Vernal Equonox, Alban Eiber, Bacchanalien, Frauentag
Symbole:	Eier, Neumond, Schmetterlinge, Raupen
Götter:	Jugendliche Götter und Göttinnen
Aktivitäten:	Beobachten der Schönheit des Frühlings
Volksglaube:	unbekannt
Tiere:	Vögel, Schlangen
Steine:	Aquamarin, Rosenquarz, Mondstein
Pflanzen:	Krokus, Jasmin, Ingwer, Schneeglöckchen, Irisches Moos, Narzissen
Bedeutung:	Gleichgewicht, Wiedergeburt, Gottheiten in ihrer Jugend, Ende des Winters, das Licht überwindet die Finsternis
Passender Tee:	Ysop, Lindenblüten, Löwenzahn

Rituelle Öle:	Lotus, Magnolie, Ingwer
Spezielle Göttinnen:	Alle jugendlichen Göttinnen, alle Liebesgöttinnen, alle Mondgöttinnen, Anna Fearina (römisch), Aphrodite (griechisch), Astarte (ka'anitisch) Athena (griechisch), Coatlicue (aztekisch), Cybele (römisch), Doda (serbisch), Eostre (germanisch), Erce (slavisch), Eriu (irisch), Flidais (irisch), Gaia (griechisch), Garbhod (irisch), Hera/Juno (griechisch/römisch), Ishtar (babylonisch), Iris (griechisch), Isis (ägyptisch), Lady of the Lake (walisisch), Libera (römisch), Madhusri (hinduistisch), Ma-Ku (chinesisch), Melusine (schottisch), Minerva (römisch), Moon Mother (indianisch), die Musen (griechisch), Ova (etruskisch), Persephone (griechisch/römisch), Renpet (ägyptisch), Rheda (angelsächsisch), Salamaona (mittlerer Osten), Vesna (slawisch), Vesta (griechisch/römisch), Venus (römisch)
Spezielle Götter:	Alle Liebesgötter, alle Mondgötter, alle Götter der Musik und des Tanzes, Adonis (griechisch), Attis (persisch), Cernunnos (griechisch/keltisch), Dagda (irisch), Danh (westafrikanisch), Dylan, (walisisch), Gwali (zentralafrikanisch), der Große Gehörnte Gott (europäisch), Herr des Waldes (englisch), Mithras (griechisch /persisch), Odin (nordisch), Osiris (ägyptisch), Ovis (römisch/etruskisch), Pan (griechisch)
Tradition:	Eine traditionelle Aktivität zum Frühlingsäquinox ist es, in Wald und Flur nach schönen, wilden Blumen zu suchen. Denke dabei daran, den Blumen für Ihr Opfer zu danken, bevor Du sie pflückst. Andere traditionelle Tätigkeiten sind das Säen, die Arbeit in magischen Gärten sowie jede Form der Arbeit mit Kräutern.

Beltane

Farben:	Rot, Grün, Weiß, Dunkelgelb
Andere Namen:	Beltaine, Mai-Tag, Walpurgisnacht, Walpurgisabend, Mai-Abend, Rudemas, Keltischer Sommer
Symbole:	Eier, Blumen, Kelch, Blütenkränze
Götter:	Alle Muttergöttinnen, alle Götter der Sexualität und Hochzeit/Ehe
Aktivitäten:	Der Große Ritus, das Sammeln von Blumen
Volksglaube:	Das Verschenken von Nahrungsmitteln und Feuer
Tiere:	Ziege, Kaninchen, Honigbiene

Steine:	Blutstein, Saphir
Pflanzen:	Rose, Rosmarin, Flieder, Schlüsselblumen, Dotterblumen, Birke
Bedeutung:	Die Gemeinschaft von Göttin und Gott, die Heilige Hochzeit, das Ende des Winters
Passender Tee:	Rosen, Safran, Klettenkraut
Rituelle Öle:	Passionsblume, Rose, Vanille
Spezielle Göttinnen:	Alle jugendlichen Muttergöttinnen, alle Göttinnen des Tanzes und des Gesangs, alle Göttinnen von Blumen und Pflanzen, alle Jagdgöttinnnen, alle Fruchtbarkeitsgöttinnen, Aima (hebräisch), Aphrodite (griechisch), Ariel (englisch), Artemis (griechsich), Baubo (griechisch), Blodewedd (walisisch), Chuan-Mu (chinesisch), Cupra (etruskisch), Cybele (griechisch), Damara (englisch), Devana (slawisch), Diana (griechisch), Fabd (irisch), Flidais (irisch), Flora (römisch), Freya (nordisch), Hilaria (griechisch), Ilamatecuhtli (aztekisch), Kaikibani (polynesisch), Lofn (nordisch), Meilikki (finnisch), Perchta (slawisch), Prithbi (hinduistisch), Rainbow Snake (aboriginal), Rhiannon (walisisch), Sarbanda (irisch), Skadi (germanisch), Tuulikki (finnisch), Var (nordisch), Venus (römisch), Xochiquetzal (aztekisch)
Spezielle Götter:	Alle Jagdgötter, alle Fruchtbarkeitsgötter, alle Liebesgötter, alle jugendlichen Vatergötter, König Artus (walisisch), Baal (klein-asiatisch), Bel/Belanos (keltisch), Beltane (irisch/schottisch), Cernunnos (griechisch/keltisch), Chores (slawisch), Cupido/Eros (römisch/griechisch), Faun (römisch), Frey (nordisch), Herne (griechisch), der Große Gehörnte Gott (europäisch), Lono (polynesisch), Manawyddan (walisisch), Odin (nordisch), Orion (griechisch/arabisch), Pan (griechisch), Puck (englisch), Robin Goodfellow (englisch), Telipinu (hetitisch)
Tradition:	Weben und Falten sind traditionelle Beschäftigungen in dieser Jahreszeit.

Litha

Farben:	Blau, Grün, Gold, Braun
Andere Namen:	Sommersonnenwende, Mittsommer, Alban Hefine, Sonnensegnung, Versammlungstag, Feill-Sheathain, Weißer Sonntag, Pfingsten, Vestalia, Thing-Tide, St. John's Day
Symbole:	Feuer, die Sonne, Athame, Eiche, Feen

Götter:	Vatergötter, Muttergöttinnen, Sonnengötter
Aktivitäten:	Kräuter sammeln
Volksglaube:	Zu Gast sein
Tiere:	Sommervögel, Pferd, Vieh allgemein
Steine:	Tigerauge, Lapislazuli, Diamant, Jade, Smaragd
Pflanzen:	Eiche, Zitrone, Sandelholz, Safran, Ylang-Ylang, Kirsche
Bedeutung:	Ehrung des Sonnengottes in seiner stärksten Phase, Ende des Frühlings
Passender Tee:	Zitrone, Orange
Rituelle Öle:	Kirsche, Zimt, Sandelholz, Lavendel, Orange, alle Minzöle, Zitrone, Safran
Spezielle Göttinnen:	Alle schwangeren Göttinnen, alle jungen Muttergöttinnen, die meisten Kriegsgöttinnen, Aine (irisch), Aestas (römisch), Artemis (griechisch), Athena (griechisch), Banba (irisch), Bona Dea (römisch), Cerd (spanisch), Chup-Kamui (japanisch), Damonan (bretonisch), Dana (irisch), Dia Griene (schottisch), Djanggawaul Sisters (aboriginal), Elat (hebräisch), Eos (griechisch), Erce (englisch), Eriu (irisch), Freya (nordisch), Gerd (germanisch), Gokarmo (spanisch), Grian (irisch), Hathor-Tiamet (ägyptisch), Indra (indo-europäisch), Isis (ägyptisch), Jörd (germanisch), Juno (römisch), Kali (indisch), Keca Aba (russisch), Kou-Njami (sibirisch), Kupulo (russisch), Mabd/Maeve (irisch), Marici (tibetanisch), Mitra (indoeuropäisch), Nut (ägyptisch), Olwen (walisisch), Robigus (römisch), Sekhmet (ägyptisch), Shekinah (hebräisch), Vesta (römisch), Wurusema (hetitisch), Xatel-Ekwa (ungarisch), Zoe (griechisch)
Spezielle Götter:	Alle Sonnengötter, die meisten Kriegsgötter, die meisten Donnergötter, Apollo (griechisch/römisch), Baal (kleinasiatisch), Baldur (nordisch), Bochica (südamerikanisch), Chacol (maya), Dagda (irisch), Donnus (irisch), Dharma (indo-europäisch), El (hebräisch), Hadad (syrisch), Helios (griechisch), Hyperion (griechisch), Ganges (indisch), Gwydion (walisisch), Llew (walisisch), Lugh (irisch), Maui (polynesisch), Oak/Holly King (angelsächsisch/keltisch), Prometheus (griechsich), Ra (ägyptisch), Sol/Helios (griechisch/römisch), Thor (nordisch), Upulero (indonesisch), Xiuhtecutli (aztekisch), Zeus (griechisch)
Tradition:	Litha ist aus klassischer Sichtweise die ideale Zeit für Heilungen jeglicher Art, für Liebes- und Schutzmagie.

Kräuter können über dem rituellen Feuer getrocknet werden, wenn Du das Fest draußen begehst.

Lughnasadh

Farben:	Rot, Gold, Gelb, Grün, Orange
Andere Namen:	Lammas, Lughnasa, Fest des Getreides, First Harvest, Ceresalia, Augustabend, Elembious, Feast of Cardenas
Symbole:	Getreidekörner, Brot, Vollmond
Götter:	Sonnengötter, Muttergöttinnen
Aktivitäten:	Brot backen, die ersten Früchte sammeln, Astrologie
Volksglaube:	kein Essen teilen
Tiere:	Kalb, Hahn
Steine:	Gelber Diamant, Zitrin, Sonnenstein
Pflanzen:	Getreide, Reis, Ginseng
Bedeutung:	Ehren der Heiligkeit der göttlichen Hochzeit, ehren der Sonnengötter, feiern der Ernte
Rituelle Öle:	Eukalyptus, Safran
Spezielle Göttinnen:	Alle Muttergöttinnen, alle Erntegöttinnen, Aine (irisch), Alphito (irisch), Ashnan (mesopotamisch), Cabria (kleinasiatisch), Ceres (römisch), Chicomecoatl (aztekisch), Damia (griechisch), Demeter (griechisch), Freya (nordisch), Goddess of Mundus (keltisch), Habondia (keltisch), Hani-Yasu-NoKami (japanisch), Ishtar (babylonisch), Kait (hetitisch), Libera (römisch), Marcia (italienisch), Mama Alpa (inka), Morgay (englisch), Persephone (griechisch), Pirua (südamerikanisch), Po Ino Nogar (kambodschanisch), Qocho Mana (hopi), Robigo (römisch), Saning Sri (japanisch), Selu (cherokee), Taillte (irisch), Tailltiu (walisisch/schottisch), Tea (irisch), Tuaret (ägyptisch), Zaramama (peruanisch)
Spezielle Götter:	Alle Vatergottheiten, alle Erntegötter, Athtar (kleinasiatisch), Bes (ägyptisch), Bran (walisisch), Dagon (kleinasiatisch), Ebisu (japanisch), Ghanan (maya), Howtu (chinesisch), Liber (römisch), Lono (polynesisch), Llew (walisisch), Lugh (irisch), Neper (ägyptisch), Odin (nordisch), Xochipilli (aztekisch).
Tradition:	Traditionell werden die Samen der Früchte, die beim Ritual gegessen werden, eingepflanzt.

Mabon

Farben:	Braun, Orange, Violett, Rotgold

Andere Namen:	Herbstäquinox, Fall Equinox, Zweite Ernte, Dionysien, Weinernte, Alban Elfed, Cornucopia
Symbole:	Trauben, Wein
Götter:	Weingötter
Aktivitäten:	Wein machen
Volksglaube:	Besuch der Gräber
Tiere:	Hund, Wolf
Steine:	Amethyst und gelbe Edelsteine
Pflanzen:	Hopfen, Tabak, Hasel, Zeder
Bedeutung:	Das Feiern der Zweiten Ernte, das Dunkel übernimmt die Herrschaft über das Licht
Passender Tee:	Alle Beerensorten, Trauben, Hopfen
Rituelle Öle:	Apfelblüten, schwarzer Pfeffer, Patchouli
Spezielle Göttinnen:	Alle Frucht- und Gemüsegöttinnen, alle Beerengöttinnen, Akibimi (japanisch), Anapurna (indisch), Cessair (walisisch), Epona (keltisch/gälisch), Harmonia (griechisch), Lilitu (hebräisch), Mama Allpa (peruanisch), Modron (walisisch), Morgan (walisisch), die Musen (griechisch), Nikkal (kana'anitisch), Ningal (mesopotamisch), Ninkasi (mesopotamisch), Pamona (römisch), Rennutet (ägyptisch), Sin (irisch), Snake Woman (aboriginal), Sophia (griechisch), Sura (indisch)
Spezielle Götter:	Alle Weingötter, alle Erntegötter (nicht jedoch die für Getreide zuständigen), alle Fruchtgötter, Dionysos (römisch), Bacchus (griechisch), Haurun (kana'anitisch), Hermes (griechisch), der Große Gehörnte Gott (europäisch), Hotei (japanisch), Iacchus (toskanisch), Mabon (walisisch), Orcus (römisch), Thoth (ägyptisch)
Tradition:	Traditionell werden im Wald und in Gebüschen die Samenkapseln verschiedener Früchte gesammelt und dann getrocknet. Manche werden zur Dekoration verwendet, andere zusammen mit anderen Kräutern verarbeitet.

Aktivitäten an einem Feiertag

Obige Anmerkungen bei den jeweiligen Festen helfen dabei,

- die Wohnung oder den Festraum zu dekorieren (Farbe, Symbole)
- den Altar aufzubauen und zu gestalten (Symbole, spezielle Gottheiten, um festzulegen, welches Bild welcher Gottheit aufgestellt werden sollte, für den Fall, daß mehrere Bilder zur Auswahl stehen).
- die Aktivitäten für diesen Tag zu bestimmen (Aktivitäten, Tradition)
- Kurzum: Sie helfen, den Tag rundherum festlich zu begehen.

Natürlich ist der ganze Tag ein Festtag, doch Hexen führen ihre Rituale gewöhnlich des Nachts aus. Doch was macht die Hexe, wenn sie nachts nicht feiern kann, weil sie am nächsten Morgen früh zur Arbeit muß oder gar nicht zu Hause ist? Was macht die Hexe, wenn sie zwar da ist und auch Lust zu feiern hat, ihre Mitbewohner aber nicht begeistert sind, wenn sie mitten in der Nacht eine Fete steigen läßt, wenn sie schlafen müssen? Hier ein paar Tips:

1. Jahresfeste muß man nicht per se nachts feiern. Wenn Du nachts etwa arbeiten mußt, kannst Du die Feierlichkeiten auch problemlos mittags begehen.
2. Wenn Du aus irgendwelchen Gründen weder tags noch nachts Zeit hast, Rituale zu feiern, dann richte zumindest Deine Aufmerksamkeit auf ein besonderes Essen. Beispielsweise könntest Du rein vegetarisch kochen. Bei einem Erntefest könntest Du vielleicht selbst Brot backen oder selbstgebackenes Brot als Lunch mitnehmen.
3. Du kannst in den Wald oder in einen Park in der Nähe gehen, und dort ein einfaches Ritual ausführen. Dazu mußt Du wirklich kein besonderes Gewand tragen oder einen magischen Kreis ziehen. Aber sicher kannst Du z.B. Dich mit dem Rücken an einen Baum lehnen und eine kleine Meditationsübung machen.
4. Stell Dir vor, Du mußt den ganzen Tag arbeiten und hast auch abends keine Zeit. Dann kannst Du Dir vielleicht ein besonderes Schmuckstück kaufen, das Du ausschließlich zu den Jahresfesten trägst. Das muß nicht unbedingt ein Pentagramm oder ein anderes magisches Symbol zu sein, es kann auch einfach eine Kette oder ein Armband sein, das Du besonders schön findest.
5. Wenn Du während eines Jahresfestes nicht zu Hause bist, weil Du etwa im Urlaub in einem Hotel oder bei Freunden bist, kannst Du aber etwa ein Teelicht nehmen, dieses abends entzünden und eine Meditationsübung machen.

Kurzum: Mit ein bißchen Kreativität läßt sich immer eine Weise finden, einen Festtag besonders zu begehen.
Es kann aber durchaus einmal sein, daß Du nun wirklich keine Gelegenheit hast oder absolut nicht in der Stimmung bist, ein Jahresfest zu feiern. Dann brauchst Du

Dich nicht schuldig zu fühlen. Niemand schreibt Dir vor, daß Du ein Jahresfest feierlich begehen mußt, und die Götter wissen es sehr wohl, wenn Du nicht in der Lage bist zu feiern. Dann kannst Du aber immer noch abends beim Zubettgehen in Gedanken ein wenig feiern.

Jahresfeste zu Hause

Du bist eine Hexe, Deine Mitbewohner oder Deine Eltern, bei denen Du wohnst, sind es aber wahrscheinlich nicht. Wenn sie einen anderen Glauben haben, kann das manchmal zu Problemen führen. Oft fällt es anderen Familienmitgliedern schwer, zu akzeptieren, daß Du anders über bestimmte Glaubensfragen denkst, daß Du andere Feste feierst und nicht ihrem Glauben folgst. Dann ist es besonders schwierig, die Jahresfeste zu feiern und Rituale offen zu begehen, ist meist völlig ausgeschlossen. Doch es gibt eine Möglichkeit, den Jahresfesten eine eigene kreative Note zu geben, die den anderen kaum auffallen wird. Viele christliche oder nationale Feiertage werden nämlich etwas vor oder etwas nach den Jahresfesten der Hexen gefeiert. Wenn Deine Eltern zu Hause z.B. Christen sind, dann kannst Du Dein Jahresfest mit dem entsprechenden christlichen Feiertag zusammenfallen lassen. So kannst Du zusammen mit den Eltern und anderen Familienmitgliedern feiern, nur daß für Dich der Tag eine etwas andere Bedeutung hat, als für sie.

Beispiele:

Samhain:	Allerseelen (katholisch) oder der letzte Sonntag des Kirchenjahres (protestantisch)
Julfest:	Weihnachten
Ostara:	Ostern
Beltane:	Tag der Arbeit
Litha:	Pfingsten

Auf diese Weise kommst Du auf fünf Jahresfeste. Die anderen Jahresfeste kannst Du begehen, wie oben schon beschrieben.

Mondfeste

Neben den acht Jahresfesten feiern die Hexen auch die Vollmondfeste. Manche denken, daß wir, wenn wir die Vollmondfeste feiern, den Mond und auch die Sonne anbeten. Das ist nicht so, denn Hexen sehen den Mond nicht als die Göttin selbst, sondern nur als sichtbares Symbol der Anwesenheit der dreifaltigen Göttin.
Der Mond ist ein Symbol für die Göttin, so wie das Kreuz ein Symbol für Jesus Christus ist. Das bedeutet nicht, daß die Sonne automatisch das Symbol für den Gott ist. Es gab viele alte Kulturen, in denen ein Sonnengott verehrt wurde. Im Wicca wird der Gott aber der Gehörnte Herr genannt und Herr des Waldes.
Der Mond ist nicht nur Symbol für die Göttin. Der Stand des Mondes hat nach dem Hexenglauben einen Einfluß auf das tägliche Leben. Nur ein Beispiel: Manche Menschen können bei Vollmond schlecht einschlafen.

Die Mondphasen

Der Stand des Mondes wird immer mit der Göttin in Verbindung gebracht. Hexen betonen oft die sogenannten Lebensphasen. Die Lebensphasen der Göttin (und die des Menschen) verlaufen parallel zu den Mondphasen. Wir sehen den zunehmenden Mond als die Göttin, die noch jung und unverdorben ist, als wilde und ungestüme junge Frau. Den Vollmond sehen wir als Muttergöttin. Den abnehmenden Mond sehen wir als die Muse, oder auch die alte, weise Frau. Danach kommt der Neumond, der den Tod und das neue Leben symbolisiert. In alten asiatischen Religionen wird der Vollmond als Unpäßlichkeitsphase der Göttin angesehen.

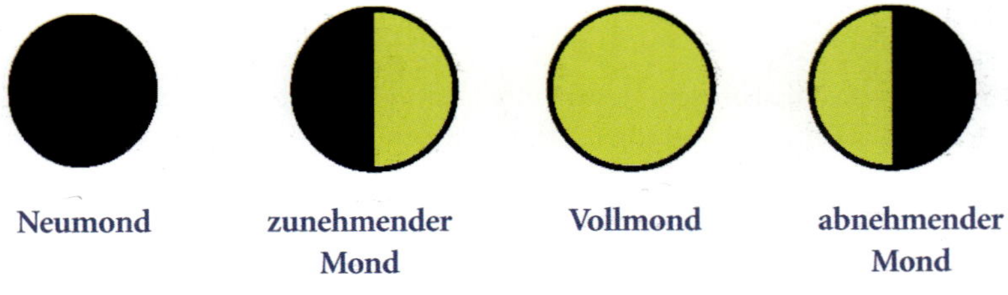

Die Kraft des Mondes

Wie ich schon sagte, glauben die Hexen, daß der Mond Einfluß auf ihr tägliches Leben hat. Sie glauben an die Kraft des Mondes. Sie glauben, daß sie die Kraft des Mondes anrufen können, um Menschen zu helfen und zu heilen, um Magie auszuüben und um selbst wieder neue Energie zu erhalten.Ob der Mond tatsächlich eine solche Kraft hat, ist kaum zu beweisen. Es fällt allerdings auf, daß bei Vollmond mehr Kinder geboren werden, als in anderen Mondphasen. Menschen haben bei Vollmond ein viel stärkeres Liebesbedürfnis. Wenn man in den Volkserzählungen nachliest, wird der Vollmond oft mit geheimnisvollen Erscheinungen in Verbindung gebracht. Menschen verwandeln sich in Wehrwölfe, Räuber und Banditen haben leichtes Spiel usw.

Wie dem auch sei – wenn der Mond tatsächlich kraftlos wäre, warum erleben dann so viele Hexen seine enorme Kraft, warum halten dann Hexen immer wieder Rituale zu den esbats ab, um sich selbst mit der Energie des Mondes aufzuladen, um im folgenden Monat wieder voller Energie zu sein?

Mach es selbst!

Erfülle Dich mit der Kraft des Mondes ("Aufladen")

Natürlich ist es am besten, dies draußen in einer hellen Vollmondnacht zu tun. Aber Du kannst Dich auch im Haus mit Mondenergie aufladen. Der Effekt wird dann aber etwas weniger ausgeprägt sein.

Du brauchst:

1 Schüssel mit Wasser (vorzugsweise Brunnenwasser ohne Kohlensäure; Wasser aus dem Hahn geht aber auch)

2 Tropfen ätherisches Eukalyptusöl (im Naturkostladen oder in esoterischen Fachgeschäften erhältlich)

Das Ritual

- Stell Dich so auf, daß Dein Gesicht direkt auf den Mond gerichtet ist. (Wenn Du im Haus arbeitest, sieh erst nach draußen, wo der Mond genau steht und stell Dich im Haus dann mit dem Gesicht in diese Richtung auf.)

- Stell nun die Schüssel mit dem Wasser etwa einen Meter vor Dir auf den Boden (vorzugsweise natürlich ins Mondlicht).

- Strecke beide Arme ganz Richtung Mond aus, so als ob Du den Mond ergreifen wolltest. dabei sprichst Du folgende Worte:

„Ich rufe an die Kraft des hellen Mondes.
Oh Frau des Mondes, Göttin mit den vielen Namen,
Jungfrau, Mutter, Weise Frau,
Ich rufe Dich an."

- Tropfe nun das Eukalyptusöl in die Wasserschüssel.

- Hebe die Schüssel vorsichtig an und halte sie dem Mond entgegen. Halte sie ins Mondlicht und sprich dabei:

„Voller Demut bitte ich Dich,
dies Wasser zu segnen.
Voller Demut vor Deiner Macht,
berühr' mich mit Deinen Strahlen,
und erfülle dies Wasser mit Deiner Kraft."

- Dann schöpfst Du etwas Wasser aus der Schüssel und benetzt damit Dein drittes Auge (Stirn-Chakra; achte darauf, daß Dir nichts in die Augen tropft). Sprich dabei:

„Heiliges Wasser, Geschenk der Göttin,
Kraft des Mondes, erfülle mich mit neuer Kraft."

- Schließe nun kurz Deine Augen und stell Dir vor, daß ein Mondstrahl direkt auf Dein drittes Auge scheint und ein Strom neuer Energie in Deinen Körper strömt.

- Öffne nun die Augen wieder.

- Wenn Du draußen bist, gieße das übrig gebliebene Wasser auf die Erde und sprich dabei:

„Große Göttin, Frau des Mondes,
Ich danke Dir für die neue Kraft, die Du mir gegeben hast.
Alles kommt aus Deiner Hand und alles wird in Deine Hand zurückkehren.
Darum opfere ich meinen Überfluß der Erde."

- Wenn Du im Hause bist, sagst Du:

„Große Göttin, Frau des Mondes,
Ich danke Dir für die Kraft, die Du mir gegeben hast."

(Danach kannst Du das restliche Wasser in den Ausguß schütten.)

- Verbeuge Dich vor dem Mond.
- Ende des Rituals.

Außer der Kraft des Mondes und der Göttin-Symbolik gibt es noch einen Grund, aus dem sich Hexen besonders mit dem Mond verbunden fühlen. Hexen fühlen sich von der Mystik, dem Geheimnisvollen angezogen und für viele gibt es nichts Geheimnisvolleres, als wenn das Land des Nachts in Nebel und Dunkelheit gehüllt ist. Sie fühlen sich mit der Nacht verbunden. Nicht, weil ihre Praktiken das Tageslicht scheuen, sondern weil nachts alles so geheimnisvoll aussieht. Dennoch lieben sie nicht die komplette Finsternis, denn auch Hexen gruseln sich nachts vor Geistern, Dämonen, Wehrwölfen, Vampiren und anderen dunklen Wesen, die in Volkserzählungen durch die Nächte spuken. Du kannst Dir sicher vorstellen, daß gutmütige moderne Hexen von heute mit solchem Gelichter auch nicht viel zu tun haben möchten.

Hexen-utensilien

Hexen führen Rituale aus. Dazu brauchen sie allerlei Dinge. Neben Kerzen und Weihrauch benötigen sie noch einen Haufen Gerätschaften und Hilfsmittel (engl. *tools*) für ihre Arbeit. In diesem Kapitel geht es nun darum, wie man diese tools gebraucht und selbst herstellt.

Zuallererst hat beinahe jede Hexe einen Altar bei sich zu Hause stehen. Das ist ein Ort, der den Gottheiten geweiht ist. Meist ist es ein Tisch mit allerlei Sachen darauf und dabei. Hexen gestalten ihren Altar nach eigenem Geschmack, also gibt es keine Regel, wie ein solcher Altar aussehen muß. Nicht nur in der Größe weichen die Altäre verschiedener Hexen voneinander ab, sie sind auch unterschiedlich im Aufbau der darauf befindlichen Gegenstände. Manche Altäre sehen auch wie solche aus, andere erkennt man auf den ersten Blick nicht einmal als Altar.

Warum Hexen einen Altar haben

Hexen gehen nicht in eine eigene Kirche oder einen Tempel, wo sie ihre Gottheiten anbeten könnten. Das liegt nicht zuletzt daran, daß es nicht so viele Hexen gibt. In den USA gibt es so etwas wie "Hexenkirchen" schon. Das sind Orte, an denen bei

Vollmond Rituale abgehalten werden, an denen jeder teilnehmen kann, der möchte, Hexe oder nicht.

Doch selbst wenn es auch bei uns solche “Hexenkirchen” gäbe, so ist es doch bequemer, einen eigenen Ort für die Rituale und magischen Verrichtungen zu haben. Zudem ist der eigene Altar auch ein Ort des Friedens, wohin man gehen kann, wenn man unruhig und nervös ist, eine Kerze entzündet und wieder zur Besinnung und zur Ruhe kommen kann.

Manche Hexen besitzen sogar eine “Hexenkammer”, einen eigenen Raum also, wo sie ihre Utensilien aufbewahren. So müssen sie nicht jedesmal wieder ihren Altar vorbereiten und zudem sind die Gerätschaften aus dem Weg und vor Menschen geschützt, die sie nicht sehen sollen.

In so einem Raum findet man z.B.: den Altar, ein Bücherregal mit Hexenbüchern, vielleicht eine Arbeitsplatte, um Kräuter zu verarbeiten. Oft ist ein solcher Raum schön ausdekoriert. Manche Hexen bemalen die Wände, andere behängen sie mit Stoffen. Als Anfängerin oder Anfänger ist es natürlich nicht nötig, sich gleich einen solchen Raum einzurichten. Ein einfacher Altar reicht völlig aus. Dazu mußt Du natürlich wissen, wie man sich einen solchen Altar macht.

Mach es selbst! Einen Altar bauen

Wenn Du Dir Deinen Altar selbst baust, mußt Du auf folgende Dinge achten:

1. Baue Deinen Altar an einer Stelle auf, wo selten oder nie Menschen hinkommen, also z.B. in Deinem Schlafzimmer. Wenn Du Dein Zimmer mit Deiner Schwester oder Deinem Bruder teilen mußt, legst Du Deine Utensilien nur dann darauf ab, wenn Du sie brauchst und räumst sie ansonsten gut weg.
2. Wenn Du die Altarplatte auch zu etwas anderem benutzt (als Schreibtisch etwa), dann mußt Du sie bei der Verwendung als Altar mit einem Tischtuch bedecken.
3. Sorge dafür, daß der Altar nicht zu nahe an brennbaren Dingen steht (z.B. Gardinen usw.). Da auf dem Altar Kerzen brennen werden, könnte das gefährlich sein.
4. Stelle den Altar auch nicht zu nahe an die Heizung oder ans Fenster. Die Kerzen können durch die Wärme krumm werden oder gar schmelzen.
5. Sorge dafür, daß genug Platz rundherum ist, damit Du bei Deinen Ritualen ungehindert den Altar umkreisen kannst.
6. Sorge dafür, daß in unmittelbarer Umgebung Deines Altars nicht zu viele elektrische Geräte stehen (Stereo-Anlagen, Fernseher usw.). Diese können einen negativen Einfluß auf die Rituale haben, da sie Strahlungen aussenden.

Auf dem Altar und rundherum liegen für gewöhnlich verschiedene Gegenstände. Meistens denken junge Hexen, sie würden zuerst all diese Gerätschaften brauchen, bevor sie mit dem Bau ihres Altars beginnen können. Ich denke anders darüber. Wenn Du z.B. ein Heft hast, aber keinen Stift, dann kannst Du zwar nichts ins Heft schreiben, sehr wohl aber lesen, was schon darin geschrieben steht. Wenn Du einen Altar hast, aber außer Kerzen noch keine weiteren Utensilien, dann kannst Du zwar keine Magie betreiben, dennoch kannst Du Rituale ausüben, Du brauchst nur etwas mehr Phantasie dazu.

Kleines Kerzenritual

Für dieses Ritual brauchst Du nichts außer zwei Kerzen (die Farbe ist hier gleichgültig). Die eine Kerze sollte etwas länger sein, als die andere. Sind die vorhandenen gleich lang, dann laß die eine so lange allein brennen, bis sie ein Stück kürzer ist, als die andere. Ferner brauchst Du noch zwei Kerzenhalter, worin die Kerzen sicher stehen und einen Tisch oder einen Schreibtisch, oder zur Not einfach ein freies Fleckchen auf dem Fußboden (bei Teppichboden, scheidet diese Möglichkeit aus). Ziel dieses Rituals ist die Vertreibung negativer Energie aus Deinem Zimmer.

1. Stelle die beiden Kerzen nebeneinander auf den Tisch oder die freie Bodenfläche, die jetzt Deinen Altar darstellen. Die längere Kerze steht dabei rechts und ungefähr fünf Zentimeter von der anderen entfernt.
2. Entzünde die längere Kerze.
3. Laufe mit der brennenden Kerze im Uhrzeigersinn langsam die Wände Deines Zimmers ab, bis Du wieder vor dem Altar stehst. Halte die Kerze dabei gerade!
4. Entzünde nun mit der brennenden die zweite Kerze. Vorsicht mit Wachstropfen: Sie sind heiß, machen häßliche Flecken und sind schlecht zu entfernen.
5. Stelle nun die längere Kerze wieder an ihren Platz, also rechts von der kürzeren Kerze.
6. Greife nun die linke Kerze und gehe die Wände Deines Zimmer gegen den Uhrzeigersinn (deosil) ab.
7. Sprich derweil: „Laß dies Licht hier hell erglüh'n, laß das Böse schnell entflieh'n."
8. Stell die Kerze zurück auf den Altar und versuche, beide Kerzen mit einem Pusten zugleich auszublasen. Halte dabei die Hand hinter die Kerzenflammen, das verhindert Wachsspritzer.

Der Athame

Der Athame (ausgesprochen: „èthiemee") ist der magische Dolch der Hexen. Traditionellerweise ist er zweischneidig und hat einen schwarzen Griff. Mit dem Athame ziehst Du den magischen Kreis und benutzt ihn auch um Kuchen und Wein zu segnen (dazu mehr im Kapitel "Rituale"). Der Athame wird ausschließlich im magi-

Mach es selbst! Bastel Dir einen Athame

Ich habe mir damals meinen ersten Athame aus einem alten Küchenmesser gemacht. Ich beschreibe hier, wie ich es gemacht habe, Du kannst es damit ja einmal versuchen. Fast alle Materialien dazu bekommst Du im Second-Hand-Laden oder auf dem Trödelmarkt.

Materialien:
1 altes, nicht allzu scharfes Messer
1 Stück Leder oder Sky (vorzugsweise schwarz; etwa von einer alten Handtasche)
1 dicke Nähnadel und Blumendraht/Gold- oder Silberdraht
ggf. wasserfeste Farbe (Gold oder Silber)

Reinige das Messer zuerst gründlich. Schneide aus dem Leder oder Sky ein rechteckiges Stück so groß aus, daß es gut um das Heft (den Griff) gelegt werden kann. Nähe mit Nadel und Draht das Leder so stramm wie möglich um den Griff. Schneide die überstehenden Stücke ab, so daß das Leder gut einfaßt. Nun kannst Du nach Geschmack das Leder noch mit magischen Symbolen, Pentagrammen, Deinem Sternbild oder Runen bemalen. Fertig.

schen Kreis verwendet. Er ist kein gewöhnliches Messer, mit dem Du Dir ein Butterbrot schmierst oder mit dem Du schneiden kannst. Ausgenommen ist das Abschneiden einer Haarlocke bei frisch Eingeweihten, wie es in manchen Traditionen üblich ist.

Während eines Rituals liegt der Athame auf dem Altar und wird nach Gebrauch auch sofort dorthin zurückgelegt. Wenn Du mit anderen Hexen zusammen ein Ritual ausführst, werden alle Athames auf dem Altar abgelegt. Sind es viele, dann ist es sinnvoller, sie auf einem kleinen gesonderten Tisch neben dem Altar abzulegen. Für das Ziehen des magischen Kreises wird lediglich ein Athame gebraucht.

Gut merken!

Ein Hexendolch (Athame) ist ausschließlich für rituelle Zwecke bestimmt. Es sollte niemals so scharf sein, daß damit andere Menschen verletzt werden könnten, schließlich ist er nicht als Waffe gedacht. Achte darauf, das Deine kleine Schwester oder Dein kleiner Bruder nicht damit spielen. Schließe ihn am besten immer gut weg, wenn Du nicht damit arbeitest.

Athames kann man auch kaufen, doch wirst Du lange sparen (sie sind recht teuer) und auch lange nach einem passenden Dolch suchen müssen. Die bequemste Art, an einen Athame zu kommen, ist es, sich selbst einen zu machen. So kannst Du auch selbst bestimmen, wie er aussehen soll. Viele Hexen vertreten die Auffassung, daß eine Hexe all ihre Gerätschaften und Utensilien selbst machen sollte, weil sie bei der Herstellung schon die Gegenstände mit ihrer persönlichen Energie auflade und so auch später gut mit dem Gegenstand "zusammenarbeiten" könne. Ich vertrete diese Meinung ebenfalls und obendrein ist es auch billiger. Du findest bestimmt in einem Trödelladen oder auf dem Flohmarkt ein altes Messer oder einen Kessel. Es kommt auch nicht darauf an, ob das gefundene Messer einschneidig ist oder nicht.

Der Kelch (engl. *chalice*)

Der Kelch oder Becher dient dazu, nach dem Ritual Wein daraus zu trinken. Natürlich gibt es Kelche aus Glas zu kaufen, man kann aber auch auf andere Weise zu seinem eigen Kelch kommen. Geh z.B. zu einer Töpferin oder einem Töpfer und laß Dir von ihm einen speziellen Kelch anfertigen. Du mußt nur genau beschreiben, wie er aussehen soll. Vielleicht hilft die Töpferin oder der Töpfer Dir sogar dabei, Deinen Kelch selbst zu machen. Oder Du gehst in einem Trödelladen oder auf dem Flohmarkt auf die Suche.

Das Pentakel (engl. *pentacle*)

In der Regel findest Du auf einem Hexenaltar ein Pentakel. Das ist eine runde Scheibe mit aufgemalten oder eingravierten Pentagrammen und/oder anderen magischen Zeichen.

Für die Größe der Scheibe oder das Material, aus dem sie gemacht ist, gibt es keine Regeln. Finde also selbst heraus, welche Größe und welches Material am besten zu Deinem persönlichen Altar passen. Vorzugsweise solltest Du Dein Pentakel aus na-

Mach es selbst! Herstellung eines Stabes

Wenn Du draußen im Wald einen schönen Zweig gefunden hast und ihn passend abgesägt hast, kannst Du daran gehen, ihn zu bearbeiten. Zuerst schälst Du die Rinde mit einem scharfen Messer herunter. Paß gut auf, daß Du Dich dabei nicht verletzt! Danach schabst Du die Enden und den Stab selbst solange ab, bis er Dir gut in der Hand liegt. Male mit Farbe nach Geschmack magische Zeichen, Pentakel, Dein Sternzeichen, Pentagramme oder Runen darauf.

Laß die Farbe dann gut trocknen. Reibe dann den Stab mit ätherischen Ölen leicht ein, so daß er schön glänzt. Wenn das Öl eingezogen ist, kannst Du den Stab abschließend mit Klarlack behandeln, daß er auch witterungsbeständig ist.

türlichen Materialien machen, also Holz, Ton, Stein oder Gips. Letzterer bricht jedoch schnell.

Der Stab (engl. *staff, wand*)

Hexen verwenden sehr häufig den Stab (Zauberstab). Sie brauchen ihn für bestimmte Rituale und manchmal auch bei der magischen Arbeit. Der ideale Stab ist ein Zweig von einem magischen Baum oder Strauch. Zaubernuß (Hamamelis) beispielsweise ist sehr gut geeignet. Nach alter magischer Tradition muß der Stab die Länge von Deiner rechten Mittelfingerspitze bis zum "Musikantenknochen" (am Ellenbogen) haben. Innerhalb der Wicca gibt es für die Stablänge keine Vorschriften. Wichtig ist nur, daß Du gut mit dem Stab hantieren kannst.
Suche Dir draußen in der Natur einen möglichst passenden Ast und säge bzw. schneide ihn mit einer scharfen Rosenschere ab. Nicht abbrechen! Vergiß nicht, dem Baum oder Strauch vorher zu berichten, wofür seine Opfergabe verwendet werden soll. Du wirst merken, ob der Strauch das gut findet oder nicht.
Bedanke Dich bei ihm und füge ihm keinen unnötigen Schmerz zu. Brich also den Zweig nicht ab, sondern schneide ihn ab. Nimm aber immer lebendes Holz, totes Holz eignet sich nicht für einen Stab.

Das Buch der Schatten (engl. *Book of Shadows*)

Alle Hexen haben ein Buch der Schatten (BDS). Das ist ein Buch, in dem alle Rituale, Rezepte und Zaubersprüche aufgeschrieben werden. Das Buch der Schatten kann man nicht kaufen. Jede Hexe muß ihr BDS selbst gestalten. Möglicherweise stelltst Du Dir unter einem Buch der Schatten einen dicken, in Leder gebundenen Folianten vor, so wie Du ihn aus Filmen kennst. Das muß aber nicht sein. Das BDS kann auch einfach ein Schnellhefter oder eine Sammelmappe sein. Viele Traditionen kennen Regeln für die Erstellung eines BDS:

1. Das Buch der Schatten muß immer mit der Hand geschrieben sein.
2. Die Hohepriesterin liest Texte vor, die die Hexen in ihr BDS eintragen.
3. In manchen Traditionen darf man Eintragungen nur allein und in völliger Stille vornehmen.

Als Solo-Hexe brauchst Du Dich an derartige Vorschriften nicht so genau zu halten. Schließlich hast Du keine Hohepriesterin, die Dir alles vorlesen kann. Heutzutage gibt es auch andere Varianten, ein BDS zu gestalten. Es gibt sogar Hexen, die ihr Buch der Schatten mit dem Computer schreiben. Im Prinzip ist das keine schlechte Idee, wenngleich es nicht immer praktisch ist, erst immer die Texte ausdrucken zu müssen. Die Tradition, alles per Hand aufzuschreiben, ist schon empfehlenswert und obendrein individueller. Dein so gestaltetes BDS sollte immer in der Nähe Deines Altars griffbereit liegen.

Im Buch- oder Schreibwarenhandel gibt es sogenannte "Leerbücher" oder "Kladden" zu kaufen, Bücher also mit leeren Seiten. In solche Leerbücher kannst Du alles bequem eintragen, selbst Zeichnungen machen oder Dinge hinein kleben, die Dir wichtig erscheinen. Wie auch immer Du Dein BDS gestalten willst, achte darauf, daß es handlich ist, wähle also das Format nicht zu groß. Wie Du auch immer etwas hineinschreibst, mit roter Tinte oder schwarzer, in Normalschrift oder besonderer Schrift: laß es immer gut auf Dich wirken und versuche, vor allem bei Texten, die Du von anderer Stelle übernimmst, zu verstehen, was genau sie bedeuten.
Was schreibst Du alles ins BDS? Nun, alle Rituale, die Du ausgeführt hast und die einen bestimmten Erfolg hatten, Sprüche, bewährte Rezepte, Verse, Informationen über unterschiedliche Divinationssysteme (dazu mehr im Kapitel "Hexenprophezeiungen"), die Du schon selbst angewandt hast usw. Für eigene Erfahrungen solltest Du zusätzlich ein magisches Tagebuch anlegen. Dazu kannst Du ein gewöhnliches Schulheft verwenden. In diesem Heft protokollierst Du all Deine magischen Experimente, Ergebnisse von Vorhersagen, neue Rezepte, die Du erst noch ausprobieren willst, neue Sprüche, Kräuterrezepte und alles andere, das Du loswerden möchtest (weitere Informationen zum Hexentagebuch im Kapitel "Hexenarbeit").

Der Besen

Hexen benötigen den Besen nicht etwa, um damit zu fliegen, sondern um den magischen Kreis, den Platz also, wo sie ihre Rituale abhalten, symbolisch zu reinigen, also "sauber zu fegen". Der Besen ist ein Bündel zusammengeschnürter Zweige mit einem Stiel. Solche Besen nennt man heute Stallbesen oder Reisigbesen. Solche Besen findest Du am günstigsten im Gartencenter, Du kannst Dir aber auch eigens von einem Besenbinder (wenn ein Freilichtmuseum in Deiner Nähe ist, findest Du dort bestimmt einen Besenbinder), Deine persönlichen Besen binden lassen. Der Stiel muß traditionell so lang sein, daß Du bequem mit den Händen unterm Kinn auf dem auf dem Boden stehenden Besen lehnen kannst. Das kommt daher, daß früher die Hausfrau beim Plausch mit der Nachbarin sich auf ihren Stubenbesen stützte. In der modernen Hexerei ist der Besen (mit den Reisern nach oben aufgestellt) auch ein Symbol der Fruchtbarkeit und der Vereinigung von Göttin und Gott. Neben seiner Funktion zur Reinigung des magischen Kreises dient er auch zur Markierung der östlichen Pforte, durch die man den Kreis betreten und verlassen darf. Des weiteren wird er bei Einweihungsritualen in einem Coven genutzt: Der Kandidat muß dann über den Besen steigen, um den Kreis zu betreten.

Nochmals der Altar

Ob und was Du über die oben genannten Dinge hinaus auf Deinen Altar legen willst, ist völlig Dir überlassen. Du kannst Deinen Altar so aufwendig gestalten, wie Du willst, nur auf eines solltest Du achten: Er sollte funktionell bleiben. Die Tips, die ich im folgenden gebe, sind wirklich nur als Anregungen gedacht. Du kannst den

Altar frei und eigenständig ganz nach Deinem Sinn gestalten. Und wenn Du Dich einmal für eine bestimmte Altargestaltung entschieden hast, bedeutet das nicht, daß Du diese nicht jederzeit wieder ändern könntest.
Du kannst Deinen Altar sooft umgestalten, wie es Dir beliebt.

In manchen Traditionen ist es üblich, sämtliche Gegenstände, die man auf oder am Altar benutzt, zuvor zu weihen und rituell zu reinigen. Dazu gibt es verschiedene Möglichkeiten.
Vorzugsweise sollte man diese Zeremonien aber an einem Esbat vollziehen. Wenn Du der Meinung bist, eine solche Weihe sei nicht nötig, dann ist es auch gut. Die Weihe- bzw. Reinigungsrituale, so Du sie denn halten willst, müssen auch nicht unbedingt auf dem Altar stattfinden, das geht überall. Manche halten es z.B. für notwendig, den Tisch, der als Altar dienen soll, selbst zuvor zu reinigen und zu weihen. Das bedeutet aber auch, daß dieser Tisch für nichts anderes mehr verwendet werden darf. Das ist natürlich reichlich unbequem, wenn Du den Altar-Tisch auch für andere Dinge verwenden mußt.

Nun aber etwas mehr über die Anordnung der Gegenstände auf dem Altar. Wenn Du einen Daueraltar einrichtest, ist es wichtig, daß dieser an einer Stelle steht, wo nicht jeder ohne weiteres Zugang hat. Wenn Du in einer eigenen Wohnung lebst, in der Du auch Besuch von Nicht-Hexen empfängst, sollte der Altar nicht unbedingt

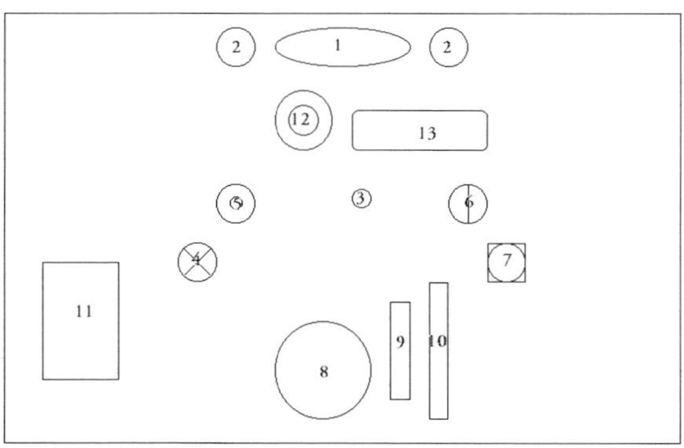

Beispiel für eine Altareinrichtung

1 Bild der Göttin
2 Kerzen
3 Teelicht
4 Salz – symbolisiert "Erde"
5 Wasser – symbolisiert "Wasser"
6 Großes Teelicht – symbolisiert "Feuer"
7 Weihrauch – symbolisiert "Luft"
8 Pentakel
9 Athame
10 Stab
11 Buch der Schatten
12 Wein
13 Kekse

im Wohnzimmer stehen, wenn Du keine lästigen Fragen provozieren willst. Hier ist dann Dein privates Schlafzimmer oder Deine Dachkammer der geeignetere Ort. Natürlich kannst Du auch im Garten Deinen Altar aufbauen, dann sollten aber der Tisch selbst und die Gerätschaften aus witterungsbeständigen Materialien hergestellt sein. Auf die Gestaltung eines Außenaltars gehe ich hier nicht weiter ein, da ich davon ausgehe, daß ein Hausaltar bequemer ist. Wenn Du nicht allein wohnst und Deine Mitbewohner nicht wissen sollen, daß Du eine Hexe bist, dann mußt Du für Deine Zeremonien einen temporären Altar aufbauen oder Deinen Altar so unauffällig wie möglich gestalten. Also ohne dauerhaftes Göttinnnenbild, ohne Pentakel usw. Diese Gegenstände plazierst Du dann immer erst, wenn Du ein Ritual vollziehen willst.

Über Tag läßt Du vielleicht einfach nur ein paar Kerzen und Weihrauch darauf stehen. Zuhause Kerzen zu entzünden oder Weihrauch bzw. Räucherstäbchen abzubrennen, ist heutzutage nicht ungewöhnlich oder auffällig.
Entscheide Dich also zunächst für die Größe Deines Altars. Ein Beistelltisch reicht durchaus aus. Darüber legst Du ein Tischtuch nach Deinem Geschmack (viele Hexen wählen dazu übrigens die Farbe Schwarz). Nun kann Du daran gehen, den Altar einzurichten. Stelle ein paar Kerzen und Weihrauch darauf. Wenn Du bereits über andere Gerätschaften verfügst, weise diesen einen festen Platz zu, wo sie dann immer stehen sollten (siehe Beispiel).

So, nun hast Du einen eingerichteten Altar, aber wozu dient der nun eigentlich?
Den Altar brauchst Du für alle Deine Rituale, etwa während der Jahres- und Mondfeste und manchmal auch für magische Zeremonien. Lange nicht alle Hexen wenden Magie an. Manche beschäftigen sich nur mit Kräutern, alternativen Heilmethoden, Wahrsagen und dergleichen. Dazu braucht man eigentlich gar keinen Altar.

Das Weihen der Gerätschaften

Wenn der zu weihende Gegenstand hitze- und wasserbeständig ist, dann kannst Du ihn dadurch weihen, daß Du ihn in direkten Kontakt zu den vier Elementen bringst. Halte den Gegenstand zuerst in die Kerzenflamme bzw. halte ihn kurz darüber. Derweil kannst Du z.B. folgenden Spruch sagen: „Ich nehme das Feuer und reinige Dich, Du Werkzeug der Kraft."

Anschließend schwenkst Du den Gegenstand durch Weihrauchschwaden und sagst denselben Spruch, nur daß Du das Wort Feuer durch Luft ersetzt. Dann beträufelst Du den Gegenstand mit Wasser und schließlich mit schwarzem Sand oder Salz (Erde). Wenn Du ätherische Öle im Hause hast, kannst Du den Weihegegenstand damit salben. Eukalyptusöl und Zedernöl symbolisieren die Gottheiten.

Weihrauch

Hexen verwenden häufig Weihrauch in ihren Ritualen. Diesen gibt es in unzähligen Sorten und Formen zu kaufen: als Stäbchen, Kegel, Granulat oder Pulver. Beginnenden Hexen rate ich, zunächst Räucherstäbchen oder Kegel zu verwenden, die sind am einfachsten zu handhaben. Kegel kann man auf einer flachen Schale, in die etwas Erde oder Sand gestreut ist, abbrennen. Für Räucherstäbchen gibt es spezielle Halterungen, Du kann sie aber genauso gut in einen Blumentopf mit Erde oder Sand stecken. Wenn Du Weihrauch abbrennst, sei bitte immer sehr vorsichtig und verlasse niemals den Raum, solange der Weihrauch noch glüht.
Manche Hexen stellen sich eigene Weihrauchmischungen zusammen, so sie Zeit dafür haben. Das geht besonders gut mit Granulaten oder Pulver. Damit kannst Du Dir aus verschiedenen Sorten Deine eigene Mischung zusammenstellen. Manchmal muß man ein wenig suchen, bis man einen Laden findest, wo man losen Weihrauch kaufen kann, aber die Suche lohnt sich. Versuch es einmal in Naturkostgeschäften oder Esoterik-Läden. Weihrauchpulver oder -granulat wird immer auf einem Stück Holzkohle verglüht.

Natürlich kannst Du auch aus fertig gekauften Räucherstäbchen oder Räucherkegeln eine Eigenmischung zusammenstellen. Die Kegel zerschneidest Du dazu mit einem Messer in kleine Stückchen, von den Stäbchen schabst Du den Weihrauch ab und mischst Dir daraus Deine eigene Mischung.
Der Vorteil von Weihrauchpulver ist, daß Du selbst bestimmen kannst, wieviel Du abbrennen willst. So ein Holzkohlestückchen glüht ungefähr eine Stunde. Am besten legst Du die Kohle in eine Schale mit etwas Sand. So verminderst Du die Feuergefahr. Dennoch solltest Du immer in der Nähe des brennenden Weihrauchs bleiben, denn manche Sorten sprühen Funken. Weihrauchpulver kannst Du zudem mit getrockneten Kräutern anreichern. Ich füge z.B. gerne etwas gemahlene Ingwerwurzel hinzu, weil ich das besonders gerne rieche. Zimt-oder Muskatpulver eignet sich ebensogut.

Kerzen

Kerzen in allen Größen, Farben und Formen kannst Du in vielen Geschäften kaufen. Wenn Du farbige Kerzen verwenden willst, müssen die nicht unbedingt durchgefärbt sein. Selbst Kerzen herzustellen ist natürlich die schönste Methode, an Altarkerzen zu kommen. Über die Kerzenherstellung gibt es eine Reihe spezieller Bücher zu kaufen.
Wenn Du aber weder fertige Supermarkt-Kerzen kaufen willst, noch selbst welche machen möchtest, dann schau doch einmal in einer handwerklichen Kerzengießer bzw. -zieherei vorbei. Dort werden gute Kerzen mit viel Geschick und Liebe gemacht. Du kannst Dir dort erklären lassen, wie man Kerzen macht (vielleicht für später, wenn Du doch einmal selbst welche machen möchtest) und natürlich gute

Mach es selbst! Kerzen machen

In Hobbyläden findest Du Bienenwachsplatten und Dochte. Daraus kannst Du leicht schön duftende Kerzen rollen.

Kerzen kaufen. Wenn Du farbige Kerzen auf dem Altar einsetzen willst, dann halte Dich an das Farbschema im Kapitel "Hexenrituale".
Natürlich brauchst Du auch entsprechende Kerzenhalter. Diese sollten vorzugsweise aus natürlichen Materialien wie Holz, Ton oder Stein sein, doch kannst Du genauso gut Kerzenständer aus Glas oder Metall nehmen. Hauptsache, sie stehen sicher und fallen nicht um. Heutzutage gibt es auch "Sicherheitskerzenhalter". Das sind Kerzenständer mit einem kleinen Wasserreservoir. Wenn die Kerze herunterkippt, fällt sie ins Wasser und die Flamme wird gelöscht. Achte beim Kauf eines Kerzenständers darauf, daß die Kerze fest hineingesteckt werden kann (bei Kerzenkauf auf den Durchmesser der Kerze achten) und nimmt keinen Ständer mit einem Dorn, auf den Kerzen aufgespießt werden. Sie splittern dabei schnell und stehen dann unsicher. An besonderen Festtagen solltest Du auch besondere Kerzen benutzen, etwa eckige oder pyramidenförmige. Für solche Kerzen brauchst Du auch besondere Ständer.

Wo kann man Hexenutensilien kaufen?

Oft fragen junge Anfängerhexen, wie sie an die ganzen Utensilien wie Athame, Kessel, Kelch, Kräuter usw., herankommen sollen. Das Beste ist tatsächlich, sich die Sachen selbst zu machen. Wer das nicht kann oder will, tut sich vielleicht auch schwer, in einer Töpferei oder Glasbläserei zu fragen, ob man dort einen Kelch für sie oder ihn macht.
Es gibt inzwischen eine Reihe von Geschäften, in denen man die Utensilien kaufen kann. Mit ziemlicher Sicherheit mußt Du dazu in eine größere Stadt fahren, aber auch in vielen kleineren Städten gibt es gut sortierte Esoterik-Läden, wo Du das eine oder andere finden kannst. Auch im Internet gibt es viele Angebote von Versandhändlern. Zwar sitzen viele davon im Ausland (USA oder England), es gibt aber auch etliche deutsche Firmen. Und wenn Du nun gar keine Quelle auftun kannst, dann bleibt immer noch die ohnehin beste Methode: Mach es selbst!

Heksen-Rituale

Moderne Hexen halten Rituale ab. Dies tun sie vor allem während der Jahres- und Mondfeste, aber auch an anderen Tagen. Was aber ist genau ein Ritual? Man kann den Begriff wie folgt wohl gut umschreiben:
„Ein Ritual ist eine Reihe von Handlungen, die Du zu Ehren von jemandem (in diesem Falle zu Ehren der Gottheiten) verrichtest, um sie um Hilfe zu bitten, oder um ihnen zu danken. Ein Ritual ähnelt einem Gebet."
Ein solches Ritual kann sehr komplex sein und lange dauern, es kann aber auch einfach und kurz sein. Man kann darin bestimmte Materialien und Gegenstände benutzen (Kerzen, Weihrauch usw.), es geht aber auch gänzlich ohne solche Hilfsmittel. In der römisch-katholischen Kirche ist es z.B. üblich, für einen Kranken eine Kerze zu entzünden. Das Anrufen von Christus oder Maria, dem Kranken beizustehen, ist ebenfalls eine rituelle Handlung.

Rituale und Magie haben viele Übereinstimmungen. Und doch gibt es einen großen Unterschied: Ein Ritual kannst Du abhalten, um der Göttin oder dem Gott zu danken oder sie zu ehren. Magie kommt nur zum Einsatz, wenn es um das Erbitten von Hilfe geht. Keine Hexe wird Magie anwenden, um der Göttin zu danken.

Gut merken!

- Bereite ein Ritual immer erst gut vor, bevor Du Dich an die Ausführung machst!
- Lerne alle Texte, die Du sprechen willst auswendig, denn im Dunkeln kannst Du sie schwerlich ablesen!

Beides, Rituale und Magie, führen Hexen im zumeist "magischen Kreis" aus. Diesen magischen Kreis kannst Du Dir wie eine große kosmische Lichtkugel vorstellen (ich denke dabei immer an blaues Laserlicht), in deren Mittelpunkt Du stehst. Der Kreis beschützt Dich vor bösen äußeren Einflüssen. Das Erstaunliche am magischen Kreis ist, daß ich tatsächlich während meiner Rituale noch nie gestört worden bin. Er wirkt also wirklich. Zugleich hält er Ablenkungen fern und fördert die Konzentration. Du mußt nicht per se für Rituale einen magischen Kreis ziehen. Rituale kannst Du auch ohne Kreis abhalten. Du kannst sie draußen oder drinnen ausführen, nachts oder am Tag. Wenn Du aber einen Kreis gezogen hast, must Du ihn zum Abschluß eines Rituals wieder aufzuheben. Es gibt viele Möglichkeiten, den Kreis zu ziehen. Wichtiger ist es aber meines Erachtens, zu lernen wie man sich gut erdet. Sich erden heißt, sich selbst verbinden mit der

Mach es selbst! Sich erden

Am besten geht das „Sich erden" draußen, da Du hier direkten Kontakt mit der Erde hast. Das macht das Erden natürlich einfacher.

1. Setz Dich im Schneidersitz auf den Boden oder leg Dich auf den Rücken.
2. Schließe die Augen.
3. Stell Dir vor, daß aus Deinem Steiß heraus ein langes weißes Tau in die Erde bohrt und dem Mittelpunkt der Erde zuwächst.
4. Stell Dir vor, Deine Augen säßen an der Spitze des Taus, das sich seinen Weg sucht.
5. Du siehst alle Erdschichten, durch die sich das Tau bohrt, das Grundwasser und alles, was noch tiefer folgt, bis das Seil den Erdkern erreicht.
6. Stell Dir nun vor, wie Du das Seil am Erdkern festbindest.
7. Atme ruhig und gleichmäßig weiter und fühle Dich eins und verbunden mit der Erde.

Wie weißt Du nun, ob das Erden geklappt hat?
Du wirst es fühlen. Fühlst Du Dich entspannt, voller Energie, prickelnd, glücklich? Dann bist Du gut geerdet. Wenn Du Dich schlechter fühlst als vorher, dann bist Du nicht gut geerdet.

Erde. Wenn Du nämlich im Kreis mit der Arbeit beginnst, befindest Du Dich, wie die Hexen so schön sagen, „zwischen den Welten der Götter und der Menschen", Du fliegst, Du schwebst und Du mußt wieder sicher auf dem Boden landen.

Gut merken!

Verlasse niemals einen Raum, in dem Kerzen oder Weihrauch brennen, auch nicht „nur kurz". Lösche immer die Kerzen aus, bevor Du das Zimmer verläßt und prüfe, ob der glühende Weihrauch nicht in der Nähe brennbarer Dinge steht. Sei stets besonders achtsam und vorsichtig im Umgang mit Feuer!

Verse und Sprüche

Bei einem Ritual benutzt Du Deinen Altar und Deine Gerätschaften. Du entzündest Kerzen, brennst Weihrauch ab und sagst dabei einen Spruch. Solche Verse kannst Du Dir selbst ausdenken oder Dir aus verschiedenen Büchern zusammensuchen, die es auf dem Markt über Wicca gibt. Selbst zu dichten ist natürlich auch hier das Beste. Vielleicht bringt Dich die Lektüre anderer Verse auf eigene Gedicht-Ideen. Die Sprüche sind meist kurze, leicht zu merkende und gereimte Gedichte, doch müssen sie nicht unbedingt gereimt sein, wenngleich die Wiccan-Rede dies fordert (siehe vorn). Du kannst die Verse einfach so aufsagen, es spricht aber auch nichts dagegen, sich eine Melodie auszudenken und sie zu singen.
Nehmen wir an, Du hast beschlossen, für jemanden, der sehr krank ist, eine Kerze anzuzünden. Dann könntest Du während des Anzündens z.B. folgenden Spruch sagen:

In die Nacht bringst Du das Licht,
schenk' meinem Freund die Zuversicht.
Befreie ihn von aller Pein,
laß ihn bald genesen sein.

Solche Verse ähneln sehr den Versen, wie sie in der Magie verwendet werden.
Der große Unterschied besteht darin, daß obige Verse die Hoffnung zum Ausdruck bringen, daß es dem andere besser gehe, während in magischen Versen Dein Wille zum Ausdruck kommt, daß es so sei.
Wenn Du das obige Verslein aufsagst, bedeutet es nicht, daß es dem Kranken sofort wieder besser geht. Du darfst keine Wunder erwarten, doch es kann schon sein, daß sich der Patient schnell wohler fühlt.

Gut merken!

Arbeitest Du im Haus und willst Weihrauch verwenden, dann prüfe zunächst, ob sich ein Rauchmelder im Raum befindet. Schalte ihn aus, sonst wird er garantiert Alarm geben. Falls er nicht abzuschalten ist, umwickle ihn für die Zeit Deiner Zeremonie mit Haushaltsfolie. Jetzt mußt Du natürlich besonders sorgsam mit Feuer umgehen. Vergiß nicht, den Rauchmelder anschließend wieder funktionstüchtig zu machen, Folie weg!

> **Wußtest Du ...**
>
> - daß manche Hexen vor jedem Ritual erst duschen?

Der Volksmund nennt so etwa Aberglaube. Faktisch mag das stimmen, doch heißt das noch lange nicht, daß es nicht wirkt. Es gibt auch Menschen, die ein Hufeisen oder ein vierblättriges Kleeblatt verwenden, um dem Glück auf die Sprünge zu helfen. Wir haben nun schon einiges über alltägliche Rituale gehört, über das Kerzenabbrennen und das Sprüchesagen. Die Rituale, die Hexen während der Sabbate oder Esbate abhalten, sehen nun aber ganz anders aus, als die Alltagsrituale. Sie verlangen auch viel mehr Vorbereitung und Aufmerksamkeit. Zumeist werden diese besonderen Rituale nachts abgehalten und dauern oft bis in den frühen Morgen. Zudem haben sie eine feste Struktur, eine Reihenfolge, in der die einzelnen Schritte ablaufen. Im Gegensatz zu den alltäglichen Ritualen werden diese im magischen Kreis abgehalten. Die Struktur eines solchen "großen Rituals" ist dafür gemacht, daß es von einem Coven durchgeführt wird. Bestimmte Rituale, wie z.B. der "Große Ritus" (die Vereinigung von Göttin und Gott) müssen von einem Mann und einer Frau gemeinsam vollzogen werden. Solche Rituale kannst Du unmöglich als Solitär-Hexe allein ausführen, es sei denn, Du ersetzt einzelne Bestandteile durch Elemente, die Du allein machen kannst.
Man hört immer wieder, daß Hexen ihre Rituale oft nackt vollziehen. Das stimmt nicht. Manche Hexen tun dies in der Tat und sind beim Ritual nackt (engl. *sky-clad*, "in Luft gekleidet"). Die allermeisten tun dies aber nicht. Es ist auch meist nicht die Gelegenheit dazu, erst recht nicht, wenn Du Rituale draußen abhälst, und sei es nur, daß es zu kalt ist. Viele Hexen tragen spezielle Gewänder, meist lange Kleider mit weiten Ärmeln. Wenn Du häufig mit Kerzen arbeitest, ist dies aber nicht zu empfehlen. Wegen der weiten Ärmel können solche Gewänder schnell Feuer fangen oder Du wirfst damit die Kerzen um. Es ist aber üblich, sich vor jedem Ritual andere Kleider anzuziehen. Das bedeutet nicht, daß man nur bestimmte Kleider für Rituale anziehen müßte. Es ist einfach so, wie wenn man am Sonntag in seine Sonntagskleider schlüpft, um die Besonderheit dieses Tages zu betonen. Du solltest natürlich Kleider anziehen, in denen Du Dich bequem bewegen kannst. Manche Hexen vertreten die Ansicht, man müsse vor einem Ritual erst duschen oder sich gründlich waschen, damit man das Ritual rein und sauber begehen kann. Was immer Du auch vor einem Ritual an persönlicher Vorbereitung tust, ist Dir überlassen. Ziel ist es dabei immer, sich vom Alltag vorher zu lösen und sich ganz auf das kommende Ritual einzustellen. Hilfreich dabei sind auch Lockerungs- und Entspannungsübungen oder Meditation.

Ablauf eines umfangreichen Rituals

Du kannst hier natürlich frei variieren, wenn Du als Solitär-Hexe arbeitest. Willst Du z.B. Dein Totem anrufen, so ist das möglich. Ich selbst rufe mein Totem jedesmal an und zwar nach den Elementen und vor Göttin und Gott. Am Schluß des Rituals darfst Du dann nicht vergessen, Deinem Totem zu danken. Das kannst Du z.B. nach dem Dank an Göttin und Gott tun.

1. Den Kreis mit dem Besen reinigen

Es geht hierbei nicht so sehr darum, den Platz für den magischen Kreis physisch zu putzen, sondern darum, den eigenen Geist zu reinigen. Durch das konzentrierte Fegen des Kreises bereitest Du Dich gedanklich auf das Ritual vor.

2. Den Kreis ziehen

Wir ziehen einen magischen Kreis, um zu zeigen, daß der Platz des Rituals für diese Zeit ein "geweihter" Ort ist. Den Kreis ziehst Du mit dem Athame durch die Luft, wenn Du draußen arbeitest, kannst Du den Kreis auch in den Sand zeichnen. Der Kreis dient als Schutz gegen böse äußere Einflüsse, die so nicht in den Raum im Kreis gelangen können. Er wird immer im Uhrzeigersinn gezogen. Im Osten wird eine Pforte markiert. Dazu legt man den Besen an die Stelle des Kreises. Den Kreis darfst Du nur durch die Pforte betreten bzw. verlassen. Beim Ziehen des Kreises kannst Du natürlich wieder einen Spruch aufsagen, vielleicht diesen:

„Ich zieh Dich Kreis zum Trutz,
für den geweihten Ort als Schutz.
Halt Böses fern, das will hinein,
So soll es sein!"

3. Die Wächter und Elemente anrufen

Wenn der Kreis gezogen ist, rufen wir die Wächter und die Elemente an. Die Wächter vergegenwärtigen die vier Himmelsrichtungen und die dazugehörigen Elemente. Jeder Himmelsrichtung ist auch eine Jahreszeit und ein mythologisches Wesen zugeordnet:

Element	Wächter	Jahreszeit	Symbol	Wesen
Erde	Norden	Winter	Salz, Sand	Zwerge, Kobolde, Gnome, Einhörner
Luft	Osten	Frühling	Weihrauch	Elfen, Sylphen, Feen
Feuer	Süden	Sommer	Kerze	Drachen, Trolle
Wasser	Westen	Herbst	Wasser	Nymphen, Undinen, Meerjungfrauen

Wir rufen die Wächter an, um den Kreis zu beschützen und die Elemente, um sie um Beistand zu bitten. Meistens steht für jedes Element ein symbolischer Gegenstand auf dem Altar. Für das Element Erde z.B. eine Schale mit Salz oder Sand, für das Element Wasser eine Schale mit Wasser, für das Element Feuer eine Kerze, für das Element Luft etwas Weihrauch. Verwende diese Symbole, während Du die Wächter anrufst. Natürlich bietet sich auch hierbei wieder ein Spruch an.

„Wächter des ... (hier die jeweilige Himmelsrichtung sagen)
Element ... (hier das jeweilige Element sagen)
Ich rufe Dich an
und bitte um Schutz für diesen Kreis."

Diesen Vers sprichst Du, während Du jeweils in die entsprechende Himmelsrichtung schaust. Du kannst dort mit Deinem Athame jeweils ein Pentagramm in die Luft zeichnen oder den symbolischen Gegenstand (Kerze, Sand, Weihrauch, Wasser) emporheben.

4. Die Göttin und den Gott anrufen

Nach den Wächtern und den Elementen werden die Göttin und der Gott angerufen. Auf dem Altar stehen meist zwei Kerzen als Symbol für die Gottheiten. Du kannst nun entweder erst die eine Kerze anzünden und dabei den "Auftrag der Göttin" aufsagen (siehe Kapitel "Der Glaube der Hexen"), dann das gleiche mit der anderen Kerze tun, wobei Du den "Auftrag des Gottes" sprichst. Oder Du zündest beide Kerzen gleichzeitig an und sprichst dabei:

„Ich rufe Euch an, Große Göttin und Großer Gott.
Ich heiße Euch willkommen in meinem Kreis,
meinem geweihten Ort.
Seid willkommen!"

5. Magische Tätigkeiten oder Divination

Nachdem Du den Kreis gezogen und Wächter, Elemente und die Gottheiten angerufen hast, beginnt der Teil des Rituals, zu dessen Zweck Du es gedacht hast. Du kannst z.B. magische Tätigkeiten verrichten oder wahrsagen. Dieser Teil des Rituals obliegt völlig Deiner Gestaltung.

6. Kuchen und Wein segnen

Im Englischen wird dieser Teil "*cake and wine ceremony*" genannt. Der Kuchen, es können auch Plätzchen sein, und der Wein dienen nach Ablauf des Rituals dazu, Dich wieder zu erden. Diese Zeremonie ist auch Bestandteil des Großen Ritus, in dem Hohepriesterin und Hohepriester Kuchen und Wein segnen. Als Solo-Hexe segnest Du beides selbst. Dazu kannst Du Dein Athame einsetzen, Du kannst beides nacheinander aber auch einfach emporhalten und etwa folgenden Spruch sagen:

„Mit diesen Worten segne ich Dich,
mit diesen Worten bist Du geweiht.
Gesegnet seist Du, Frucht der Erde,
vollkommen und schön."

7. Göttin und Gott danken und sie verabschieden

Wenn Du die Gottheiten in Deinem Kreis willkommen geheißen hast, dann mußt Du sie auch verabschieden und Dich bei ihnen bedanken, wenn Du den Kreis wieder schließt. Dazu löschst Du die Kerzen in der umgekehrten Reihenfolge, wie Du sie zu Beginn des Rituals angezündest hast und sprichst dabei jeweils:

„Ich danke Dir und verabschiede Dich,
Große Göttin (Großer Gott).
Danke für Deinen Besuch, Danke für Deine Kraft."

8. Den Wächtern und Elementen danken und sie verabschieden

Den Wächtern und den Elementen, die Deinen Kreis beschützt haben, mußt Du natürlich auch danken und sie verabschieden. Dazu wendest Du Dein Gesicht jeweils in die entsprechende Himmelsrichtung und zeichnest mit dem Athame ein Pentagramm in die Luft. dabei sprichst Du z.B.:

„Wächter des ...
Element ...
Ich danke Euch und verabschiede Euch.
Danke für Euren Schutz."

9. Den Kreis schließen

Den Kreis schließen heißt nicht, ihn aufzuheben. Tust Du das doch, gehen alle Kräfte, die Du darin wachgerufen hast, verloren. Zum Schließen des Kreises, ziehst Du den Kreis in umgekehrter Richtung nach, jetzt also gegen den Uhrzeigersinn, und fegst den Ort anschließend mit dem Besen. Dabei sprichst Du z.B.:

„Möge der Kreis geschlossen sein,
Möge er nicht gebrochen sein.
Möge der Friede der Gottheiten immer bei Dir sein.
Es ist schön hier zu sein,
es ist schön wieder zu gehen, es ist schön wiederzukommen."

10. Das Verzehren von Kuchen und Wein zur Erdung

Wenn der Kreis geschlossen ist und das Ritual beendet, dann kannst Du Dich entspannen, vielleicht etwas Musik hören und dabei Kuchen und Wein genießen. Wenn das Ritual zusammen mit anderen Hexen abgehalten wurde, könnt Ihr nun Eure Erfahrungen austauschen. Was habt Ihr gefühlt, gerochen, gehört usw. Wenn Du allein bist, kannst Du das natürlich auch tun, etwa indem Du alles in ein Heft schreibst, Dein magisches Tagebuch. Dahinein schreibst Du, welche Sprüche Du gesagt hast, wie genau das Ritual abgelaufen ist, was Du gefühlt hast usw.

Wenn Du wieder zurück in der "normalen Welt" bist, wird es Zeit, den Altar abzubauen, die Kerzen und sonstigen Gegenstände wegzuräumen bzw. wieder alles an seinen angestammten Platz zu stellen.
Wir haben nun etwas über den Aufbau eines Rituals gehört, das muß natürlich nicht immer in dieser Form ablaufen muß. Es versteht sich von selbst, daß ein Ritual an einem besonderen Festtag auch besonders festlich ausfällt, festlicher jedenfalls als ein Alltagsritual. Im folgenden beschreibe ich eine Reihe von Aktivitäten, die in ein Ritual eingebaut werden können. Das sind wieder nur Anregungen.
Rituale müssen auch nicht immer bierernst ablaufen. Viele Covens machen sogar kleine Spiele während oder nach dem Ritual. Eines will ich gleich vorstellen. Wenn Du selbst eine Hexengruppe gründen willst, dann kann Dir das womöglich nutzen. Natürlich gilt hier wie immer: Denk Dir selbst etwas aus.

Spiel

Königin des Lichts, Königin der Finsternis

Dieses Spiel entstammt der Dianiker-Tradition. Alle Anwesenden stellen sich im Kreis auf und geben eine brennende Kerze von Hand zu Hand, während sie die Hexenrune singen. Wer die Kerze in der Hand hält, wenn das Lied zu Ende ist, scheidet aus und tritt aus dem Kreis. Das wird solange wiederholt, bis nur noch eine Person übrig ist. Diese gibt nun allen anderen eine brennende Kerze, nur eine Person bekommt keine. Nun laufen alle mit brennenden Kerzen durcheinander. Die Person ohne Kerze muß nun versuchen, in einer Minute so viele Kerzen auszublasen, wie sie nur schafft. Nach Ablauf der Minute wird gezählt, ob mehr brennende Kerzen übrig geblieben sind oder mehr ausgeblasen wurden. Sind mehr Kerzen gelöscht, dann hat die Königin der Finsternis gewonnen. Ist die Zahl der noch brennenden Kerzen höher, hat die Königin des Lichts gewonnen.

Rituale für jeden Tag

Neben den besonderen Ritualen, die Hexen während der Jahres- und Mondfeste ausführen, gibt es eine ganze Reihe von Ritualen für jeden Tag. In vielen Religionen und Kirchen wird zu bestimmten Zeiten gebetet. Vor und nach dem Essen, nach dem Aufstehen oder vor dem Schlafengehen etwa. Als Hexe kannst Du das auch tun. Du kannst morgens den Gottheiten für die Chance des neuen Tages danken, für das Essen oder abends für alles, was Du am Tag erlebt hast. Wenn Deine Familie zu den Mahlzeiten betet, kannst Du mittun, nur daß Du Deinem Gebet eine eigene Bedeutung gibst. Für alltägliche Rituale brauchst Du keine Hilfsmittel. Du kannst sie sogar in aller Stille für Dich halten, selbst wenn Du mitten unter anderen Menschen bist. Falte einfach die Hände und schließe die Augen. Wenn Du allein bist, entzünde vielleicht einfach eine Kerze. Tägliche Rituale brauchen keine langen Texte. Du kannst dafür einfache Reime oder sonstige Worte verwenden, die Dir durch den Kopf schießen. Ein Ritual sollte nicht zur bloßen Floskel werden. Es kann nicht das

Ziel sein, wie ein Roboter immer die gleichen Worte „Ich danke Euch für dieses Essen" oder sonst etwas vor sich hin zu murmeln. Wenn Du aber nicht kreativer sein kannst oder einfach die Gelegenheit für eine phantasievollere Gestaltung fehlt, ist das natürlich in Ordnung so, solange Du wirklich meinst, was Du sagst.
Es gibt eine Menge Möglichkeiten, alltägliche Rituale zu begehen. Du kannst einfach die Hände falten und die Augen schließen, eine Kerze anzünden oder bestimmte Bewegungen machen (etwa hinknien oder die Hände auf den Boden legen, um so engen Kontakt mit der Erde aufzunehmen usw.). Alles ist möglich.

Mach es selbst! Rituale

Gewöhne Dir an, täglich Rituale zu begehen. Dadurch lernst Du, daß Religion und Alltag zusammengehören.

Um Dir ein wenig auf den Weg zu helfen, werde ich im Folgenden eine kurze Beschreibung eines Morgenrituals, eines Mahlzeitenrituals und eines Abendrituals geben. Diese Rituale dienen der Gewöhnung an tägliche Rituale. Auf die Dauer solltest Du eigene Rituale ersinnen.

Kurzes Morgenritual

Stell Dich vor das offene Fenster und atme die frischen Morgenluft tief ein. Strecke die Arme über Deinem Kopf hoch aus und sprich:

„Große Göttin, Großer Gott,
ich dank' Euch für den neuen Tag.
Ich danke Euch für Euren Schutz in dieser Nacht
vor den Mächten der Finsternis."

Kurzes Ritual zu den Mahlzeiten

Dieses Ritual begehst Du in aller Stille, mit gefalteten Händen und geschlossenen Augen.
Vor der Mahlzeit:

„Große Göttin, Großer Gott,
segnet diese Mahlzeit,
laßt sie mir zugute kommen."

Nach der Mahlzeit:

„Große Göttin, Großer Gott,
ich danke Euch für diese Mahlzeit,
ich danke Euch, daß Ihr mich nährt mit Euren Früchten."

Kurzes Abendritual

Stell Dich vor dem Schlafengehen vor Dein Bett und lege beide Hände auf die Decke. Sprich dabei:

„Große Göttin, Großer Gott,
ich danke Euch für alles, was ich heute tun durfte.
Ich bitte Euch um Euren Schutz in dieser Nacht.
Schützt mich vor den Mächten der Finsternis,
die mich im Schlaf überfallen wollen."

Kerzen, Weihrauch und Öle für jeden Tag

Kerzen und Weihrauch werden in der modernen Hexerei häufig verwendet. Weihrauch kannst Du auch durch ätherische Öle ersetzen. Die gibt es in kleinen Flaschen im Naturkostladen oder in esoterischen Geschäften zu kaufen. Gemischt mit etwas Wasser werden einige Tropfen davon in speziellen Duftlämpchen über einem brennenden Teelicht verdunstet. Für jeden Tag der Woche gibt es eine Kerze von bestimmter Farbe, einen bestimmten Duft und Dinge, die man tun oder lieber lassen sollte. Jeder Tag hat eine feste Bedeutung. Manch magische Verrichtung etwa sollte man nur an festgelegten Wochentagen vollziehen. Der Freitag ist z.B. ein besonders guter Tag, um Liebesrituale zu begehen. In den meisten Traditionen steht eine sogenannte Beleuchtungskerze auf dem Altar, die den Altar und den Raum darum herum beleuchten soll. Diese Kerze kann gewöhnlich weiß sein, Du kannst aber auch eine Kerze mit der jeweiligen Tagesfarbe dafür verwenden.
Die folgende Liste zeigt, welcher Tag zu welcher Farbe, welchem Duft und welcher magischen Verrichtung paßt:

Tag	Farbe	Weihrauch	Öl	Magische Arbeit
Montag	Weiß	Sandelholz	Eukalyptus	Emotionen, Träume
Dienstag	Rot	Ingwer	Ingwer	Schutz
Mittwoch	Hellblau	Benzoe	Lavendel	Kommunikation
Donnerstag	Blau	Zeder	Zeder	Glück
Freitag	Rosa	Rose	Patchouli	Liebe
Samstag	Schwarz	Kiefernharz	Zypresse	Negativität
Sonntag	Gelb	Myrrhe	Zitrone	Gesundheit

Selbst Rituale schreiben

Ob es nun festliche oder ganz alltägliche Rituale sind: Sie gleichen sich nie. Sie werden niedergeschrieben und wieder abgeändert, solange, bis Du zufrieden bist. Erst dann trägst Du sie als gelungen oder erfolgreich in Dein Buch der Schatten ein. Beim Ersinnen eines Rituals mußt Du auf eine Menge achten. Zu allererst mußt Du festlegen, wo Du es begehen möchtest: drinnen oder draußen, wie groß ist der zur

Verfügung stehende Raum, kannst bzw. willst Du Musik einsetzen usw. Dann mußt Du Dir klar werden, was das Ritual bezwecken soll. Dann beginnst Du mit der Niederschrift. Du schreibst nicht nur Texte auf, die Du beim Ziehen des magischen Kreises sagen und mit denen Du die Wächter, Elemente und Gottheiten anrufen willst. Es kommt vor allem darauf an, die Lücke zwischen Anrufung und Kreisschließung mit eigener Kreativität zu gestalten. Was willst Du machen? Es ist Raum für alles, was Du willst, es gibt kein Zeitlimit für ein Ritual. Wenn Du meditieren willst, dann überlege vorher, worüber. Eine Visualisation solltest Du aufschreiben oder auf Kassette aufnehmen. Wenn Du orakeln willst, mußt Du genau die Fragen notieren, die Du stellen willst und überprüfen, ob die dazu notwendigen Hilfsmittel vollzählig vorhanden sind (etwa Orakelkarten, Tarotkarten).
Die Niederschrift eines Rituals ist mindestens ebenso wichtig, wie die praktische Vorbereitung des Rituals. Für jede Gelegenheit solltest Du ein neues Ritual verfassen. Das kann entweder ganz neu sein oder einem bereits vorhandenen ähneln. Ob das Ritual gut war, merkst Du erst, nachdem Du es gehalten hast. Beim Schreiben merkst Du das nicht. Wenn Du bei dem Ritual überhaupt nichts Spezielles erfahren hast, kein besonderes Gefühl usw., dann war es auch nicht besonders gut. Darum ist es so wichtig, alles vorher festzuhalten, es genauso auszuführen und hinterher im magischen Tagebuch Deine Erfahrungen damit zu notieren. So kommst Du dahinter, welche Teile Deines Rituals etwas bewirken und welche nicht. Dann kannst Du auch experimentieren und "gute" Teile aus verschiedenen Ritualen zu einem neuen kombinieren.

Singen und Tanzen im magischen Kreis

Während des Rituals im Kreis werden häufig Lieder gesungen, manchmal wird dazu auch getanzt. Hexen kennen viele Lieder, die sie beim Ziehen des Kreises oder beim Schließen singen. Sogar aus traditionellen Texten wie den Aufträgen von Göttin und Gott wurden Lieder gemacht. Es gibt sehr alte Lieder, z.B. die Hexenrune (engl. *Witches Rune*), die ursprünglich von Doreen Valiente geschrieben wurde. Ich gebe hier die deutsche Übersetzung:

Die Hexenrune

Dunkle Nacht und heller Mond
Osten erst, dann Süd, dann West, dann Nord
Hört, die Hexenrune tönt
Wir kommen und rufen Euch mit diesem Wort

Feuer, Wasser, Erde, Luft
Dolch, Pentakel und der Stab
versammelt sind im Abendduft
gehorchen wohl dem Wort der Tat.

Stricke, Weihrauchfaß und Geißel
der Hexendolch voll Hexenkraft
erwachen nun zum Lebenskreisel
wenn wir zaubern wesenhaft.

Herrin des Himmels, Herrin auch im Schattenreich
Gehörnter Jäger in der Nacht
Gebt unserm Zauber Kraft und gebt zugleich
Daß unser Wille Wirklichkeit macht.

Bei allen Mächten an Land und auf See
Bei aller Kraft von Mond und Sonne
Wie wir es wollen, so soll es geschehn
Singet den Zauber und tanzet mit Wonne.

Zu den existierenden Liedern aus den unterschiedlichsten Traditionen kommen stets neue hinzu. Manche Hexen schreiben selbst welche, zum Teil mit recht komplizierten Melodien. Man kann sich aber auch einfach einen Text zu einer bekannten Melodie ausdenken, etwa zu "Bruder Jakob" oder auch zu einem Song Deines Lieblingspopstars. Je größer die Hexengruppe ist, die die Lieder singen soll, desto einfacher sollten Text und Melodie sein.
Wenn Du selbst nicht so gut im Texten von Lieder bist, dann kannst Du ja in einer Buchhandlung nach Büchern suchen, in denen Hexenlieder zu finden sind. Wenn die Noten dabeistehen, weißt Du auch, wie sie gesungen werden. Womöglich findest Du sogar eine entsprechende CD.
Auch bei magischen Verrichtungen singen Hexen gerne. Das ist gar nicht merkwürdig, denn Musik kann verborgene Kräfte wachrufen. Zu den Liedern kann natürlich auch getanzt werden. Der Tanz trägt auch zur Weckung positiver Energien bei. Wer sich nicht wohl fühlt und doch in die Disco geht und dort einen Abend durchtanzt, fühlt sich am nächsten Tag wieder voller Energie. In der Hexerei kennt man bestimmte Tanzschritte, aber im Prinzip kannst Du tanzen, wie immer Du willst.
Hier ein Beispiel für ein magisches Liedchen mit einfachem Text. Die Anwendungsmöglichkeiten werde ich im Kapitel "Hexenarbeit" erläutern.

Erde, gib Kraft meinen Worten,
Luft trag sie dahin zu anderen Orten.
Feuer verzehre alles was stört,
Wasser schwemm weg, was sich verschwört.
Geist verstärke diesen Spruch
Damit er stets wirkt, darum ich ersuch'.

Dansen

Ein besonderer magischer Tanz ist der Spiraltanz. Dieser ist zwar ein Gruppentanz, mit dem Energien geweckt und geführt werden, man kann ihn aber auch alleine tanzen.

Das Prinzip ist, daß Du ziemlich schnell im Uhrzeigersinn den Rand eines Kreises entlang läufst und dabei den Kreis immer kleiner werden läßt, bis Du in der Mitte des ursprünglichen Kreises stehst und Dich nur noch um Dich selbst drehst. Dann streckst Du die Arme aus, erst zur Seite und dann langsam nach oben bis Du in der sogenannten Göttinnen-Position stehst (Arme gestreckt nach oben, die Handflächen zum Gesicht gewendet). Dann sagst Du, wohin oder zu wem Du die Energie schicken willst und warum. Dann faltest Du Deine Hände über dem Kopf zusammen und läßt sie gefaltet langsam herabsinken, bis sie auf Herzhöhe sind. Du berührst mit dem Daumen Dein Herz und streckst die Arme nach vorn aus und entfaltest dabei die Hände.

Mach es selbst!

Ein Kreistanz

Stell Dich an den Rand eines gedachten Kreises mit dem Gesicht zur Mitte. Setze Dein linkes Bein einen Schritt zur Seite, kreuze mit dem rechten Bein hinter das linke und setze den Fuß auf. Wiederhole dies solange, bis Du einmal um den Kreis (im Uhrzeigersinn) herum getanzt bist. Derweil kannst Du etwa die Arme heben und senken.

HEXEN-KÜCHE

Im Kapitel über Hexenrituale wurde es schon erwähnt:
Hexen schließen ihre Rituale mit dem Segnen und Verzehren von Kuchen und Wein ab. Am einfachsten ist es, sich Kuchen und Wein im Supermarkt zu kaufen, aber es macht viel mehr Spaß, selbst Kuchen zu backen und "Wein" herzustellen.

Gut merken!

Alkohol
Du mußt natürlich nicht unbedingt richtigen Wein oder andere alkoholische Getränke nach den Ritualen trinken, vor allem nicht wenn Du nicht daran gewöhnt bist. Zuviel Alkohol ist ohnehin ungesund. In den USA dürfen Jugendliche unter 21 Jahren keinen Alkohol kaufen, in Deutschland offiziell ab 18 Jahren.
Alkohol kannst Du jederzeit durch ein anderes Getränk ersetzen, etwa durch Traubensaft. Oder Du erhitzt zuvor den Wein, damit der Alkohol verdampft, und läßt ihn dann wieder abkühlen.

"Wein" mußt Du nicht wörtlich nehmen. Wenn Du lieber keinen Alkohol trinkst, dann ersetze "Wein" durch ein alkoholfreies Getränk, z.B. Saft. Auch der Kuchen muß natürlich nicht immer Kuchen sein, Du kannst auch Früchte, Brot oder andere natürliche Produkte essen. Hier nun ein paar Tips:

Samhain – Alkoholfreier Kräuterwein
Für 1 Liter Wein brauchst Du:
1 leere Flasche mit Schraubverschluß – 1 große Pfanne – 1 Kochlöffel – 1 Trichter – 1 Küchensieb – 1 feines Teesieb – 1 Löffel – 1 Teelöffel – 1 Eierbecher

1 Flasche Rotwein – 10 EL Honig – 5 TL getrockneter Thymian – 2 TL getrocknetes Basilikum – 2 Wacholderbeeren – 1/2 Eierbecher Rum – 1 Eierbecher Puderzucker

Erhitze die Pfanne auf kleinster Flamme. Gieß den Rotwein hinein und rühre den Rum hinein. Bringe das Ganze unter Rühren zum Kochen. Dann auf kleinste Flamme zurückschalten. Gib den Honig löffelweise hinein und rühre jedesmal solange, bis er aufgelöst ist. Gib nun die Wacholderbeeren, den Thymian und den Basilikum dazu. Nun heißt es 5-10 Minuten langsam rühren. Wenn alles gut ist, dann hat das Ganze eine hellbraune Farbe. Nun gib den Puderzucker hinein und rühre, bis er aufgelöst ist. In die leere Weinflasche steckst Du nun den Trichter, darauf das Küchensieb. Gieße nun langsam die Flüssigkeit durch das Sieb in die Flasche. Leere zwischendurch immer mal wieder das Sieb aus. Wenn die Flasche gefüllt ist, setze den Schraubverschluß darauf und stell sie 24 Stunden in den Kühlschrank. Nun solltest Du den Wein ein zweites Mal durch ein feines Teesieb gießen, um die letzten Rückstände herauszubekommen. Flasche wieder verschließen.
Fertig!

Samhain-Scones
1 Pfund Mehl – etwas Backpulver - 125 g Farin-Zucker (oder normaler Zucker) – 150 g Butter – 1 Ei – 1/2 Tasse Milch

Heize den Backofen auf 225° vor. Verknete das Mehl mit dem Zucker und der Butter. Füge das Ei hinzu und nach und nach die Milch. Knete alles gut durch. Drehe jeweils aus einem Eßlöffel Teig eine kleine Kugel und drücke sie etwas flach. Lege sie auf ein mit Backpapier ausgelegtes Backblech. Backe sie auf mittlerer Schiene im vorgeheizten Backofen bei 225° etwa 10 Minuten, bis sie goldbraun sind.

Eisiger Jultee
Das Julfest ist das Mittwinterfest, und zum Winter gehören Schnee und Eis. Eistee ist daher ein perfekter Abschluß für das Jul-Ritual. Brühe einen Tee nach Wahl auf (besonders gut als kalter Tee schmeckt Rosmarin) und laß ihn abkühlen. Stell den

abgekühlten Tee in den Kühlschrank und laß ihn gut durchkühlen. Vor dem Servieren noch Eiswürfel ins Glas geben.

Jul-Rosinenbrot
Backe entweder aus einer entsprechenden Backmischung ein Rosinenbrot oder kaufe ein Fertiges beim Bäcker. Als Symbol für den Schnee stäubst Du etwas Puderzucker darüber.

Mittsommer-Minzlimonade
Minzlimonade ist ein erfrischendes und einfach zuzubereitendes Getränk, ideal für die Erdung nach einem Ritual. Brühe einen Tee aus frischen Minzblättern (Pfefferminze, Krause Minze, Wasserminze). Gib Zucker nach Geschmack hinzu. Laß den Tee dann abkühlen und stell ihn über Nacht in den Kühlschrank.

Mittsommer-Sonnenblumentaschen
Dies ist ein wunderbares symbolisches Essen als Abschluß des Mittsommer-Rituals. Die Sonnenblumenkerne stehen symbolisch für die Sonne und damit den Sommer.

1 Paket tiefgefrorenen Blätterteig – 1 Tüte Sonnenblumenkerne, geschält – 1 Tüte geriebenen Käse (Edamer, Emmentaler o.ä.) - 1 Ei

Löse die Blätterteigscheiben voneinander, wenn sie noch gefroren sind. Lege sie nebeneinander auf ein mit Backpapier ausgelegtes Backblech und laß sie in Ruhe auftauen. Trenne derweil das Ei in Eiweiß und Eigelb. Wenn der Blätterteig aufgetaut ist, häufe in die Mitte jeder Scheibe 1-2 EL Sonnenblumenkerne auf und falte die Scheibe darüber zusammen, so daß ein viereckiges Päckchen entsteht. Die Kanten streichst Du mit Eiweiß ein. Drehe nun die Päckchen um, so daß sie auf der Faltnaht zu liegen kommen. Streiche nun die Päckchen oben mit Eigelb ein und streue den Käse darüber.
Back die Sonnenblumentaschen nun nach Backanweisung auf der Blätterteigpackung aus.

Lughnasadh-Trauben-Orangensaft
Lughnasadh ist auch ein Fest, das im Sommer gefeiert wird, daher auch dieser sommerliche Trauben-Orangensaft. Basis ist gewöhnlicher roter oder weißer Traubensaft. Dazu gibst Du den frisch ausgepreßten Saft von 2-3 Orangen, umrühren und kühlen. Fertig!

Lughnasadh-Maisbrot
1 Tasse Maismehl – 1 Tasse Mehl – 4 TL Zucker – 1 TL Packpulver – eine Prise Salz – 1 Ei – 1 Tasse Milch – 20 g Butter

Heize den Backofen auf 190° vor. Mische Maismehl, Mehl und Zucker gut miteinander. Laß die Butter schmelzen. Verkleppere das Ei in einer Schüssel und gieß die Eimasse in die Mehlmischung. Gieß die Milch und die geschmolzene Butter hinzu. Rühre nun alles gut durch. Fülle die Masse in eine gefettete Backform und streich sie oben mit einem Löffel schön glatt. Bei 190° etwa 25 Minuten abbacken. Danach holst Du das Brot aus dem Ofen und läßt es abkühlen.

Mit den oben genannten Rezepten kannst Du Dir selbst problemlos die Zutaten für Deine "Kuchen-und-Wein-Zeremonie" herstellen. Darüber hinaus kannst Du ja mal zu besonderen Festtagen verschiedene "symbolische" Gerichte auf den Tisch bringen.

HEXEN-ORAKEL

Moderne Hexen nutzen die Wahrsagerei, Orakel oder, wie man auch sagt, die Divination. Das tun sie weniger, um herauszubekommen, wie ihre Zukunft aussieht, sondern vielmehr, um sich selbst besser kennenzulernen. Sie nutzen Methoden wie Astrologie, Kartenlegen, Pendeln oder Tarot. Es gibt eine ganze Reihe von Divinationsmethoden. Einige sind einfacher, andere schwieriger zu erlernen.

Astrologie beispielsweise ist ausgesprochen schwierig und komplex, wenn Du alles verstehen willst. Da gibt es leichtere Methoden, wie etwa das Kartenlegen, wenngleich auch das durchaus verwickelt sein kann. In diesem Kapitel werde ich einige einfachere Divinationsmethoden erläutern, zu deren Anwendung nur Materialien benötigt werden, die leicht zu beschaffen sind.

Rauchlesen

Für diese Divinationsmethode gibt es keine hilfreichen Bücher, in denen man nachlesen könnte, wie die einzelnen Erscheinungsbilder ausgedeutet werden können. Also bist Du hier ganz auf Dich gestellt. Womöglich kann Dir ein Traumsymbolbuch weiterhelfen, um zu deuten, was Du siehst oder sahst.

Mach es selbst! Rauch lesen

Du brauchst:
- ein dunkles Zimmer
- eine Kerze
- Weihrauch

Entzünde die Kerze und den Weihrauch. Stell den Weihrauch vor die Kerze. Konzentriere Dich auf die Kerzenflamme und achte darauf, welche Formen der Rauch einnimmt.

Deutungen für einige Rauchformen:
Monster – Du hast Angst vor etwas.
Raubtier – Du bist eine starke Persönlichkeit.
Bäume, Blumen, Naturlandschaften – Du willst gut zu anderen sein.
Wolken, Vögel, Flugzeug – Du strebst nach Freiheit.
Menschen des anderen Geschlechts – Du sehnst Dich nach einem Partner.
Krieg, Waffen – Du grenzt Dich zu sehr von den anderen ab.

Kartenlegen

Eine andere einfache Art der Divination ist das Kartenlegen. Kartenlegen ist etwas ganz anderes als das Deuten von Tarot-Karten. Karten legt man mit gewöhnlichen Spielkarten. Jede Karte hat eine eigene Bedeutung, es geht aber auch eine einfache Ja/Nein-Vorhersage, wobei eine rote Karte für “positiv” und eine schwarze für “negativ” steht. Je höher die rote Karte im Wert ist, desto positiver, je höher die schwarze Karte, desto negativer fällt die Weissagung aus.
Der Joker gilt als Fragezeichen, nach der Zehn zählst Du weiter: Bube = 11, Dame = 12, König = 13, As = 14.

Kartenlegen nach der Ja/Nein-Methode

Mische die Karten und fächere sie mit dem Rücken nach oben auf dem Tisch aus. Stell eine Frage, die mit Ja oder Nein beantwortet werden kann. Zieh nun eine Karte und lege sie noch verdeckt auf die Seite. Zieh eine zweite Karte und lege sie ebenfalls verdeckt links neben die erste Karte. Eine dritte Karte legst Du verdeckt rechts von den zwei Karten ab. Dreh die Karten um.

Prüfe nun, welche Farbe überwiegt: Rot für Ja oder Schwarz für Nein.
Zähle die Werte der Farbe zusammen, die überwiegt.
Je höher die Zahl, desto stärker die Antwort.

Bedeutung der einzelnen Karten:

	Herz	Karo	Kreuz	Pik
7	Falsche Hoffnung	Schwere Verluste	Glück, Wohlstand	Bruch
8	Glücksfälle	Reisen	Enttäuschungen	Sorgen, Probleme
9	Reichtum	Rastlosigkeit	Starrsinnn	Totales Pech
10	Glück, Wohlstand	Hochzeit	Glücksfälle	Widerstände
B	Ein Freund	Eine Bekanntschaft	Ein guter Freund	Eine lockere Bekanntschaft
D	Blonde Frau	Blonde Frau	Dunkelhaarige Frau	Verführerin
K	Blonder Mann	Blonder Mann	Dunkelhaariger Mann	Dunkelhaariger Mann
A	Freundschaft	Vermögen, Geld	Gesundheit	Gefühle, Verlust

Für die einfachste Form des Kartenlegens benötigt man nur die Werte ab 7. Auch die Joker werden nicht gebraucht. Wenn Du Dich intensiver mit dem Kartenlegen beschäftigst, kommst Du auch hinter die Bedeutung der anderen Karten. Für den Anfang reichen die oben vorgestellten Bedeutungen. Am besten legst Du die Karten auf einem Tisch mit Tischtuch. Wenn Du es schön findest, eine Kerze, Weihrauch oder sonstige Gegenstände auf dem Tisch zu dekorieren, steht dem nichts im Wege. Achte nur darauf, daß genug Platz für die Kartenauslage bleibt.

Kartenlegen nach der Siebener-Methode

Entferne die Joker und alle Karten kleiner 7 aus dem Kartenspiel. Mische sie gut durch und fächere sie mit dem Rücken nach oben auf dem Tisch aus. Zieh drei Karten und lege sie nebeneinander in eine Reihe. Weitere drei Karten legst Du darunter. Stelle zum Schluß eine Frage und ziehe als Antwort darauf eine siebte Karte, die Du verdeckt unter die sechs bereits ausgelegten Karten legst.
Die Karten haben nach dem abgebildeten Schema folgende Bedeutungen:

1. Vergangenheit
2. Gegenwart
3. Zukunft
4. Liebe, Beziehung, Freundschaft
5. Schule, Beruf, Geschäft, Geld
6. Familie
7. Antwort auf die Frage

Wahrsagen kannst Du auch für andere. Sei aber vorsichtig mit den Ergebnissen. Wenn die Aussagen negativ ausfallen, dann solltest Du sie so positiv wie möglich auslegen. Manchmal erscheinen in den Karten unangenehme Themen wie Tod, Scheidung oder Unglück. Wenn Du solche Ergebnisse deutest, kannst Du nicht einfach sagen: „So, Du wirst in Kürze sterben." Zum einen wird Dein Gegenüber darüber furchtbar erschrecken und zum zweiten braucht eine Weissagung nicht immer tatsächlich in Erfüllung zu gehen. Weissagungen sollte man nicht immer für bare Münze nehmen, selbst wenn sie noch so wahr erscheinen. Das gilt genauso, wenn Du nur für Dich wahrsagst.

Das Ergebnis einer Divination kann manchmal richtig schockierend sein. Ich selbst sage immer, bevor ich mit der Wahrsagerei beginne: „Ich akzeptiere das Ergebnis dieser Divination, wie negativ es auch immer ausfallen möge." Wenn Du so etwas sagst, dann mußt Du es natürlich auch so meinen. Auch eine Weissagung für Dich selbst solltest Du so positiv wie möglich auslegen.
Viele Menschen haben Angst vor der Karte "Der Tod" im Tarot. Sie meinen, wenn sie diese Karte ziehen, müßten sie sterben. Die Karte "Der Tod" hat aber mit der

Gut merken!

Was Du niemals tun darfst

- Stelle niemals ein zweites Mal dieselbe Frage in der Hoffnung auf eine bessere Antwort, wenn Du mit der ersten Antwort unzufrieden bist.
- Weissage niemals mehr als dreimal an einem Tag mit demselben Material. Wenn Du das nämlich zu oft machst, kann es sein, daß Du Dich nicht mehr richtig konzentrieren kannst oder Du sogar die Aussage nach Deinem Willen „verbiegst".
- Wahrsage niemals, wenn Du von starken Emotionen beherrscht bist (Haß, Frust usw.). Wahrsage niemals Schlechtes aus Rache.
- Orakele nicht, wenn Du gestreßt oder müde bist. Auch dann kann Dich Deine Konzentrationsfähigkeit im Stich lassen.
- Nutze Orakel nicht, um etwas über jemand anderen herauszufinden, beispielsweise ob ein Partner wohl der richtige für Dich ist oder ob Du jemals eine Beziehung zu der Person bekommen wirst, in die Du Dich gerade verliebt hast. Da solltest Du Dich mit der betreffenden Person lieber direkt auseinandersetzen.
- Schenke Horoskopen in Zeitungen und Illustrierten keinen Glauben. Die sind so allgemein gehalten, daß sie auf jeden immer irgendwie passen.
- Wahrzusagen, um etwas, das in der Zukunft geschehen wird, herauszufinden, ist sinnlos. Wenn wir alles wissen sollten, was mit uns geschehen wird, dann hätten uns die Götter das schon längst erzählt.

wörtlichen Bedeutung von Sterben weniger zu tun, als Du denkst. Diese Karte deutet vielmehr auf grundlegende Veränderungen im Leben hin.

Pendeln

Eine andere sehr beliebte und viel beschriebene Art der Wahrsagerei ist das Pendeln. Ein Pendel ist eine Schnur oder Kette mit einem Gewicht daran. Das kann ein Edel- oder Halbedelstein oder ein wie auch immer geformtes Gewicht aus Kupfer, Stahl, Messing oder Holz sein. Fertige Pendel gibt es in zahllosen Varianten im Esoterik-Laden oder in der Esoterik-Abteilung Deiner Buchhandlung zu kaufen. Du kannst es Dir aber natürlich auch selbst machen. Wichtig ist, ob gekauft oder selbst gemacht, daß das Pendel nicht zu lang ist. Wie stellst Du das fest? Lege das eine Ende der Schnur oder Kette um Deinen Mittelfinger und klemme sie fest zwischen Mittel- und Zeigefinger. Stelle dann Deinen Ellenbogen auf den Tisch und beuge das Handgelenk leicht nach vorne. Reicht des Pendel bis auf den Tisch, dann ist es zu lang. Das bedeutet nun nicht, daß Du ein anderes Pendel aussuchen müßtest. Es reicht, die Schnur oder die Kette entsprechend zu kürzen oder kürzer anzufassen.

Warum divinieren Hexen?

Wie oben schon gesagt, werden Methoden wie Tarot, Astrologie oder Numerologie nicht in erster Linie verwendet, um einen Blick in die Zukunft zu werfen. Hexen benötigen die Methoden, um mehr über sich selbst zu erfahren und zu tieferen Einsichten zu gelangen. Wie kommt es aber, daß sich Hexen so intensiv damit beschäftigen?

Das ist eine schwierige Frage. In zahllosen Volkserzählungen tauchen Hexen auf, die die Zukunft in gläsernen Kugeln oder in den Sternen sehen können, die alles wissen

Mach es selbst! **Einen verlorenen Gegenstand wiederfinden**

Passiert Dir das auch manchmal? Du hast irgendwo etwas hingelegt (einen Schlüssel, ein Schmuckstück) und weißt nicht mehr wo? Wenn Du ein Pendel und einen Grundriß Deines Zimmers oder Deiner Wohnung hast, dann dürfte das Wiederfinden kein Problem mehr sein.

Leg den Grundriß auf einen Tisch und halte das Pendel in der rechten Hand. Bewege das Pendel ruhig über den Grundriß und frage z.B. „Wo sind meine Schlüssel?" Das Pendel wird in eine kreisende Bewegung umschlagen, wenn Du es über die entsprechende Stelle auf dem Plan hälst.

Wenn Du keinen Grundriß hast, dann stelle Dich in der Raummitte auf, das Pendel in der ausgestreckten rechten Hand. Frage das Pendel, wo Du den gesuchten Gegenstand finden kannst. Es wird dann in die betreffende Richtung hin- und her schwanken. Folge der gependelten Richtung, bis es in kreisende Bewegung gerät. Dort wird der gesuchte Gegenstand liegen.

und darum gefürchtet werden. Es gibt aber auch eine religiöse Komponente. Wicca enthält viele Elemente aus anderen Religionen und so gelangten auch bestimmte Divinationssysteme in den Wicca. Es gibt verschiedene Sichtweisen, finde Deine eigene selbst heraus.

Kurse, Bücher und Massen an Informationen

An Informationen über Divination zu kommen, ist nicht schwierig. In vielen Buchhandlungen und Büchereien findest Du meist ein umfangreiches Angebot an Literatur. Die Zeitungen stehen voll von Anzeigen für diese oder jene Wahrsageangebote, es gibt Kurse von verschiedenen Anbietern, das Internetangebot ist kaum zu überschauen, und sogar im Fernsehen wird darüber berichtet.

Zu bekannten Formen der Divination gibt es naturgemäß viele Informationen, über andere so gut wie keine. Wie groß das Informationsangebot ist, hängt auch davon ab, ob die eine oder andere Methode gerade “in” ist. Tarot, Pendeln und Runen sind sehr populär, ergo gibt es auch eine Menge Bücher und sonstige Informationen darüber. Über unbekanntere oder kompliziertere Methoden wie Teeblätterlesen, Lesen aus dem Wasser, Kaffeesatzlesen, Kristallkugel sehen usw. gibt es kaum etwas. In volkskundlichen Büchern über andere Kulturen stößt man manchmal auf erstaunliche Divinationssysteme. Stöbern lohnt sich.

Hexen-garten

Hexen beschäftigen sich nicht allein mit Wahrsagen und Ritualen. Sie tun auch andere Dinge. Eine typische Arbeit für Hexen ist die Arbeit in einem Kräutergarten. Im Kräutergarten zieht sie allerlei Kräuter, aus denen die Hexe Tees, Öle, Salben und anderes zubereitet. Viele Kräuter haben heilende Wirkung. Gegen kleinere Beschwerden wie Kopfschmerzen, leichtes Fieber o.ä. wenden Hexen lieber Kräuter an als Tabletten aus der Pharmaindustrie. Bei ernsteren Erkrankungen gehen aber auch Hexen zum Arzt.

Das Experimentieren mit Kräutern ist nicht ungefährlich, besonders, wenn es um giftige Kräuter und Pflanzen geht. Im Umgang damit mußt Du höchste Sorgfalt und Vorsicht walten lassen!

Ich selbst habe mit gewöhnlichen Kräutern begonnen, wie man sie in Dosen oder Tüten im Supermarkt kaufen kann. Das sind getrocknete Kräuter ohne fremde Inhaltsstoffe oder haltbar machende Konservierungsstoffe. Von solchen Kräutern weißt Du, daß sie sicher sind. Allerdings haben getrocknete Kräuter einen geringeren Wirkungsgrad als frische Kräuter. Wenn Du keinen eigenen Garten hast, sind Kräuterpflanzen in Blumentöpfen oder Balkonkästen ein guter Ersatz. In größeren Mengen kannst Du getrocknete Kräuter in Bioläden, Apotheken oder entsprechenden Versandfirmen beziehen. In manchen Städten gibt es auch spezielle Kräuterläden. Die dort zu kaufenden Kräuter sind meist auch für den Einsatz in der Naturheilkunde gedacht, also rein und geprüft. Meist ist auf den Etiketten genau beschrieben, wie man damit umgehen muß. Es gibt zahllose Bücher über den Umgang mit Kräutern, in denen viele hilfreiche und sichere, da erprobte Rezepte zu finden sind. Anstelle von Trockenkräutern kannst Du immer auch frische Kräuter verwenden. Wenn Du Platz für einen Kräutergarten hast, stellt sich natürlich die Frage: Welche Kräuter pflanze ich an? Es folgen einige Anregungen über Kräuter, die einfach anzubauen sind. Am besten kaufst Du Pflanzen oder Saat im Gartencenter.

Kraut	hilft gegen	verwendet werden	zubereitet als
Pfefferminze, krause Minze	Unwohlsein, Kater, Luftwegsbeschwerden	Blätter	Tee
Zitronenmelisse	Konzentrationsschwierigkeiten rauhe Haut	Blätter	Tee
Echter Thymian	Halsschmerzen, Erkältung, trockener Husten	Blätter, Knospen	Tee, Sirup
Majoran	Müdigkeit, Streß, Aggression	Blätter, Knospen	Tee
Lavendel	Streß, Konzentrationsschwierigkeiten, Schlafprobleme, Muskelschmerzen	Blätter, Knospen	Tee, Lavendelbad

Kräuter trocknen und lagern

Erkältungen treten meist im Herbst auf. Die meisten Kräuter, die gegen Erkältung helfen, sind dann längst nicht mehr frisch zu ernten. Es ist also wichtig, rechtzeitig

Gut merken!

Kräuter sammeln und verwenden

Achte sorgfältig darauf, daß Du die richtigen Kräuter sammelst. Viele sind nämlich giftig und manchmal leicht mit den heilenden Verwandten zu verwechseln. Wenn Du Dir also nicht sicher bist, ob Du die richtige Pflanze gesammelt hast, verwende sie lieber er gar nicht. Frage sicherheitshalber jemanden, der sich besser mit Kräutern auskennt, was Du da geerntet hast. Experimentiere niemals einfach auf's Geratewohl mit Kräuter herum!

Vorräte anzulegen, d.h. dann zu ernten, wenn die Kräuter im vollen Wachstum sind, und die Kräuter zu trocknen. Manche Kräuter sollte man besser vor der Blüte ernten und trocknen, andere am besten nach der Blüte. Informationen darüber findest Du in jedem guten Kräuterbuch.

Wenn Du die Blätter trocknen willst, laß sie an den Stengeln. Die Stengel hängst Du kopfüber zu trocknen auf, am besten auf dem Dachboden. Wurzeln mußt Du erst reinigen, dann in kleine Stückchen schneiden und auf einem Tuch in der Sonne trocknen. Blüten trocknest Du ebenfalls auf einem Tuch, allerdings nicht in der Sonne. Trockne Kräuter nie in einem Raum mit Betonfußboden, denn dann dauert der Trocknungsvorgang viel länger.

Am sichersten bewahrst Du die getrockneten Blätter oder Blüten in einem dicht schließenden Gefäß an einem dunklen und kühlen Ort auf. Getrocknete Wurzeln bewahrst Du vorzugsweise in Leinensäckchen auf.

Tee

Eine der einfachsten Arzneien ist der Kräutertee. Viele Menschen haben überdies einfach mehr Vertrauen in einen Tee als etwa in eine Salbe, die Du ihnen anmischst. Tee ist einfach und schnell zubereitet. Wenn Du Kräutertee aufgegossen hast und er ist kalt geworden, dann gieß ihn nicht weg. Die meisten Kräutertees schmecken auch kalt sehr gut. Kalter Tee ist auch im Sommer gut, wenn Du krank bist und es drückend heiß ist.

Cremes

Eine andere Form der Kräuterverarbeitung ist die Zubereitung von Cremes und Salben. Neben dem muskelentspannenden Effekt macht eine Creme auch besonders trockene Haut geschmeidig.

Es ist ein Vorurteil, daß Hexen Kräuter nur verwenden um sich und andere zu heilen. Aus Kräutern kannst Du auch sehr gut Kosmetika herstellen. Seit Menschengedenken werden Kräuter in Schönheitsprodukten verwendet. Neben Cremes, Lippenbalsam und Ölen wurden Kräuter auch für herrlich duftende Parfüms genutzt. Archäologische Funde z.B. in den ägyptischen Pyramiden belegen dies. Wandmalereien und Phiolen mit Parfüms, die ihren Duft nach Tausenden von Jahren noch nicht verloren hat-

Mach es selbst! Kräutertee

Zutaten: abgekochtes, heißes Wasser – ein Teesieb oder ein Tee-Ei – 1/2 EL frische oder 1 EL getrocknete Kräuter – eine Teetasse – eine Untertasse

Fülle das Tee-Ei mit den Kräutern und hänge es in die Tasse (oder lege das mit Kräutern gefüllte Sieb auf den Rand der Tasse) und gieße mit heißem Wasser auf. Lege die Untertasse darauf und laß das Ganze 10 Minuten ziehen. Nimm dann die Untertasse weg und entferne Tee-Ei bzw. Sieb. Süße den Tee nach Geschmack, vorzugsweise mit Honig.

ten, zeigen, daß im ägyptischen Altertum Kräuter in der Öl- und Duftherstellung genutzt wurden.

Lavendelcreme

10 EL Vaseline – 5 EL frische Lavendelblüten (oder 10 EL getrocknete oder 10 Tropfen ätherisches Lavendelöl)
1 Topf – 1 Rührlöffel aus Kunststoff (beides anschließend gründlichst reinigen) – 1 Trichter – 1 nicht zu feines Teesieb – 1 leeren Tiegel für die fertige Creme

Schmelze die Vaseline bei geringer Hitze. Füge dann die Lavendelblüten bzw. das Öl zu. Laß alles gut 15 Minuten auf kleinster Flamme ziehen (wenn Du Öl verwendest dann nicht länger als 5 Minuten, sonst verdampft das ganze Öl). Gieß die noch warme Flüssigkeit durch das Sieb in den Cremetiegel und laß sie ohne Deckel abkühlen. Massiere die Creme dann jeweils mit kreisenden Bewegungen in die Haut ein. Kontakt mit den Augen oder Schleimhäuten vermeiden.

Hausmittel

Kräuter helfen, wie oben schon gesagt, gegen kleine und größere Wehwechen. Wenn eine wirklich ernsthafte Erkrankung vorliegt, solltest Du besser zum Arzt gehen. Unpäßlichkeit, Kopfschmerzen, Muskelkater oder kleine Wunden lassen sich aber sehr gut mit Hausmitteln auf Kräuterbasis versorgen.
Vorzugsweise solltest Du diese aus frischen Kräutern zubereiten. Wenn Dir nur getrocknete Kräuter zur Verfügung stehen, mußt Du in der Regel die doppelte Menge nehmen. Für einige der folgenden Rezepte brauchst Du ätherische Öle, die Du im Naturwarenhandel, Drogerien, Apotheken sowie auch in Esoterik-Geschäften bekommst.

Pefferminzöl – gegen verspannte Muskeln und Muskelschmerzen

1 TL ätherisches Pefferminzöl – 1/2 Tasse Olivenöl – 1 dicht schließendes, dunkles Glasgefäß

Mische alle Zutaten gut miteinander. Fülle die Mischung in das Glasgefäß und laß das Ganze über Nacht an einem dunklen, nicht zu warmen Ort stehen. Massiere das Öl mit kreisenden Bewegungen auf die schmerzenden Partien.

Lavendelkissen – gegen müde Augen

2 quadratische Stückchen Stoff von etwa 20 x 20 cm – 2 Bänder zum Verschließen – Lavendelblüten
Lege die Lavendelblüten jeweils in die Mitte des Stoffs und binde die Ecken mit dem Verschlußband zusammen, so daß kleine Bündel entstehen. Befeuchte die Säckchen

kurz unter warmem Wasser und drücke sie leicht aus. Lege Dich nun bequem auf den Rücken und lege die feuchten Lavendelkissen für etwa 5 Minuten auf die Augen.

Melissentee – gegen Migräne
Pflücke einige frische Blätter Zitronenmelisse und brühe davon einen Tee auf. Diesen kannst Du am besten pur trinken oder mit etwas Honig nach Geschmack gesüßt.

Fußbad – gegen kalte Füße
Fülle eine Waschschüssel mit warmem Wasser (nicht zu heiß, sonst verbrennst Du Dir die Füße) und füge ein paar Tropfen ätherisches Lavendelöl hinzu. Bade dann 10 Minuten die Füße darin.
Danach ist es besonders wohltuend, wenn Du Dir die Füße mit etwas Massageöl massierst. Dieses Rezept hilft auch gegen wunde Füße, z.B. nach einer langen Wanderung.

Großer Wegerich (Plantago major) – gegen Brennesseljucken
Ein uralter Trick, wenn man in die Brennesseln geraten ist. Nimm ein Blatt Wegerich, zerdrücke es ein wenig und lege es auf die juckende Stelle.

Gurke – gegen Insektenstiche
Wenn auch Gurken nun keine Kräuter sind, so geben sie doch ein wirksames Heilmittel z.B. gegen Insektenstiche ab und daher gehören sie durchaus in diesen Zusammenhang.
Schneide eine Scheibe frischer Gurke ab und lege sie auf den Insektenstich (aus dem Du zuvor den Stachel entfernt hast).

Nerven Dich die Mücken?
Dann iß viel Knoblauch! Oder vermische 1 TL ätherisches Zitronenöl mit 2 EL Olivenöl. Du kannst auch eine Mischung aus 1 EL Zitronensaft und Öl herstellen und Dich damit einreiben.

Dampfbad mit Kamille – gegen Erkältung und geschwollene Nasenschleimhaut
Nimm 3 EL Kamillenblüten auf eine Schüssel kochendes Wasser (ein Beutel Kamillentee tut's auch) und halte Deinen Kopf darüber.
Decke ein Handtuch über Deinen Kopf und die Schüssel, damit der Dampf nicht zu schnell verlorengeht. Das Dampfbad sollte nicht länger als 5-10 Minuten dauern.

Thymian-Honig-Tee – gegen rauhen Hals
1/2 TL Thymian mit 1 Tasse kochendem Wasser überbrühen und mit 1 TL Honig süßen.

Gut merken! Eine Warnung.

Es gibt viele Bücher über den Umgang mit Kräutern, Pflanzen, Säften und ätherischen Ölen. Wenn wirklich eine ernsthaftere Erkrankung vorliegt, mußt Du in jedem Fall zum Arzt. Wenn Du nicht genau weißt, welche Kräuter wofür einsetzbar sind, laß die Finger davon. Wenn Du keinen eigenen Garten hast, sondern die Kräuter im Wald oder am Wegesrand zusammensuchst, mußt Du besonders aufpassen. Nicht nur wegen der Hunde, die möglicherweise daran... In der freien Natur gibt es viele Pflanzen, die einander sehr ähneln, von denen die eine ein heilendes Kraut, die andere aber eine Giftpflanze sein kann. Hier heißt es besonders vorsichtig zu sein.

Salben und Kompressen

Bisher haben wir nur von einfachsten Heilanwendungen gesprochen, über Dinge, die im Volksmund "Hausmittelchen" genannt werden. Wer wirklich mit Kräutern arbeiten will, muß lernen Salben und Kompressen selbst herzustellen.
Für Salben, Öle und andere Mixturen, die nicht gegessen werden, benötigst Du eigene Töpfe und Küchengeschirr, welche Du ausschließlich für die Kräuterverarbeitung nutzt und nicht auch noch für die tägliche Küche. Wenn Du kein neues Geschirr kaufen willst, dann besorge Dir welches im Trödelladen.

Kompresse

Zutaten:
2 EL Kräuter – 1 Tasse Wasser

Materialien:
1 Verband oder 1 Wickel oder 1 Tuch – 1 Topf – 1 Plastiksieb – 1 Schüssel, um Flüssigkeit aufzufangen

Zubereitung:
Kräuter ins Wasser geben und ungefähr 2 Minuten köcheln lassen. Abgießen und die Flüssigkeit in der Schüssel auffangen. Den Verband in den Sud tunken und so heiß wie möglich auf die Haut legen, gegebenenfalls mit etwas Plastik abdecken. Solange aufliegen lassen, bis die Kompresse abgekühlt ist.

Anwendung:
1 – 2 x am Tag

Salbe
Zutaten:
2 EL Kräuter – 200 g Vaseline

Materialien:
1 Topf – 1 Küchensieb – 1 Tiegel aus dunklem Glas mit Schraubdeckel

Zubereitung:
Die Vaseline im Topf bei geringer Hitze schmelzen. Die Kräuter zugeben und ca. 10 Minuten bei schwacher Hitze ziehen lassen. Immer wieder gut durchrühren. Anschließend durchsieben, in den Tiegel füllen und verschließen.

Anwendung:
Mit drehenden Bewegungen auf die Haut auftragen und einmassieren.

Umschlag
Zutaten:
2 El Kräuter – 1 Tasse Wasser

Materialien:
1 Verband oder 1 Wickel oder 1 Tuch – 1 Topf

Zubereitung:
Die Kräuter im Wasser etwa 2 Minuten aufkochen lassen. Auf dem Tuch oder dem Verband ausbreiten und so heiß wie möglich auf die Haut legen. Gegebenenfalls mit Plastik abdecken. Aufliegen lassen, bis der Umschlag kalt abgekühlt ist.

Anwendung:
1 - 2 x am Tag

HEXEN-
ARBEIT

Eine der Eigenschaften, die Hexen zugeschrieben wurden, ist der Besitz magischer Kräfte. Man glaubte, Hexen könnten auf Besen fliegen und Menschen in Frösche und Kröten verwandeln. Man glaubte, sie könnten die Ernten verhexen und in Mißernten verwandeln usw. Früher wurde eine Menge Unsinn über Hexen und Hexerei erzählt.

Daß die Märchenhexen zaubern konnten, bedeutet noch lange nicht, daß die Hexen von heute auch zaubern können. Sicher beschäftigen sich auch moderne Hexen mit Magie und Zauberkünsten und viele junge Menschen träumen davon, zaubern zu können und möchten deshalb Hexen werden. Daß Du nun den Weg eingeschlagen hast, um eine Hexe zu werden, bedeutet nicht, daß Du damit die Befähigung zu phantastischen magischen Kräften bekommen wirst. Keine einzige Hexe ist in der Lage, all diese erstaunlichen Dinge zu bewirken, die etwa in Filmen zum Standardrepertoire einer Hexe gehören. Die Zeit stillstehen zu lassen oder gar zurückzudrehen, Menschen mir nichts, dir nichts verschwinden zu lassen: das sind allemal Filmtricks, Nepp, der auf den märchenhaften Hexenvorstellungen beruht und von diffusen Ängsten aus der Vergangenheit lebt. Mit Spezialeffekten und Filmmon-

tagen sehen diese Dinge sehr spektakulär und beängstigend realistisch aus, doch in Wirklichkeit funktionieren solche Dinge nicht.
Du wirst Dich nun sicher fragen, warum moderne Hexen dann überhaupt Magie benutzen, wenn sie doch damit keine "großen Dinge" bewegen können. Die Gründe unterscheiden sich von Hexe zu Hexe. Manche Hexen benutzen Magie, um Geld, Liebe oder Glück anzuziehen. Andere benutzen für sich selbst gar keine Magie, sondern nur, um anderen zu helfen. Niemand kann Dir vorschreiben, wofür Du Magie einsetzt. Du mußt Dir selbst Grenzen setzen und gut über die Konsequenzen nachdenken. Du solltest auch bedenken, ob Magie wirklich die einzige oder richtige Lösung für Dein Problem ist. Wenn Du das gleiche Ergebnis z.B. mit einem einfachen Gespräch erreichen könntest, solltest Du es erst einmal damit versuchen.

Gut merken!

Fünf magische Faustregeln:

- Benutze nie Magie, um anderen Menschen Leid zuzufügen, zu verfluchen oder ihnen Unglück zu bringen.
- Benutze nie Magie, wenn Du das gleiche Ziel auch ohne Magie erreichen kannst.
- Benutze nie Magie, um für Dich selbst große Vorteile (Geld, Arbeit, Liebe) zu erzielen.
- Benutze nie Magie, um andere zu Handlungen zu zwingen, die sie sonst nie getan hätten.
- Benutze nie Magie aus Spaß, etwa um anderen Deine Kraft zu zeigen.

Im Wicca wird Magie selten für negative Ziele benutzt. Negativ bedeutet: Menschen Leid zuzufügen, Macht über andere zu gewinnen, sie zu manipulieren. Daß Wicca-Hexen diese Form der Magie nicht benutzen, heißt nicht, daß Magie immer positiv genutzt wird. Hexen, die nicht der Wicca angehören (die sich zwar mit Magie nicht aber mit Religion beschäftigen), wollen häufig alles über Schwarze Magie, Dämonen und dergleichen wissen. Sie wollen mittels Magie reich werden oder denjenigen, in den sie verliebt sind, entsprechend beeinflussen. Daß solche Hexen Magie auf wenig positive Art mißbrauchen, führt jedoch nicht zu einer Art Krieg zwischen Wiccas und anderen Hexen. Das Negative wird nicht mit aller Gewalt bestritten und das Positive wird dadurch nicht von seinem Platz verstoßen.
Wenn Du Schwarze Magie in diesem Buch finden und lernen wolltest, dann hast Du das falsche Buch erwischt. Wie ich oben schon sagte, ist es in der Wicca nicht üblich, sich der Schwarzen Magie zu bemächtigen. Daher erzähle ich auch in diesem Buch nichts darüber. Zudem ist Schwarze Magie ausgesprochen gefährlich, besonders, wenn Du gerade erst mit dem kleinen Hexeneinmaleins angefangen hast.

Es gibt viele Formen der Magie, positive wie negative. Positive Magie wird im Volksmund Weiße Magie genannt, negative Magie heißt Schwarze Magie. Viele Hexen sind allerdings der Auffassung, daß Magie eigentlich "grau" ist. Das bedeutet, daß man bestimmte Formen der Magie sowohl "weiß" als auch "schwarz" einsetzen kann. Positive Magie kann negativ eingesetzt werden, während negative Magie meist nicht positiv nutzbar ist. Es wären zwar noch viele Formen der Magie aufzuzählen, ich belasse es aber bei den unten folgenden neun Formen:

Weiße Magie
Naturmagie (Arbeit mit den Elementen)
Mond- und Astromagie (Arbeit mit den Kräften des Mondes und der Planeten)
Visualisationsmagie (Magie durch Einsetzen der Vorstellungskraft)

Graue Magie
Sexualmagie (Steuern sexueller Kräfte)
Kerzenmagie (Arbeit mit Kerzen)
Trance- und Hypnomagie (Erwecken von Energie durch Tanz oder Drogen)

Schwarze Magie
Nekromantie (Anrufung von Dämonen)
Voodoo (Magische Arbeit mit Tonpüppchen)
Alchimie (eine Art wissenschaftlicher Magie)

Naturmagie

Naturmagie ist wahrscheinlich die älteste Form der Magie. In der Frühzeit der Menschen waren es die Schamanen, die Naturmagie praktizierten. Sie machten Talismane und Amulette und heilten die Kranken mit Kräutern (Heilung ist auch eine Art der Magie!). Naturmagie hat, wie der Name schon sagt, mit der Natur zu tun und daher braucht es dazu auch natürliche Materialien.
Eine der simpelsten naturmagischen Praktiken ist die Herstellung von Amuletten und Talismanen. Der Unterschied zwischen einem Talisman und einem Amulett ist, daß ersterer etwas stimulieren soll (Glück, Wohlstand, Geld), letzteres soll gegen etwas schützen (böse Mächte, Hexerei, Unglück). Ein Talisman ist also "für" etwas gut, ein Amulett "gegen" etwas. Meist handelt es sich um kleine Beutel mit verschiedenen Inhalten, die man sich um den Hals hängen kann. Solche Beutel kannst Du Dir selbst machen oder sie im Esoterik-Laden kaufen. Die Herstellung eines Talismans ist nicht so schwierig, Du mußt nur wissen, wie und wann Du ihn am besten machst.
Ich sagte schon, daß es immer darauf ankommt, die Dinge im richtigen Moment, am richtigen Tag zu tun. Das gilt auch für die Herstellung eines Amuletts oder eines Talismans. Willst Du etwa eine Talisman machen, der Dich zu Geld bringen soll,

	Sonntag	Montag	Dienstag
für/gegen	Gesundheit	Streit	Schutz
Art	Talisman	Amulett	Amulett
Beutel	Brokat	Seide	Wolle
Farbe	Gelb	Weiß	Rot
Pflanzen	Gänselblümchen	Wasserlilie	Brennessel
	Ringelblume	Mohn	Knoblauch
	Kamille	Schilf	Hopfen
Bäume	Lorbeer	Weide	Ginster
Steine	Bergkristall	Perle	Blutstein
	Sonnenstein	Perlmutt	Feuerstein
	Bernstein	Mondstein	Heliotrop

dann mußt Du ihn am Donnerstag herstellen. Und Du mußt natürlich die richtigen Dinge in das richtige Beutelchen füllen.

Die oben stehende Übersicht hilft Dir, Talismane und Amulette richtig zu fertigen. Angenommen, Du willst einen Talisman machen, der Liebe anziehen soll. Siehe in der Zeile "für/gegen" und Du siehst, daß Du einen solchen Talisman an einem Freitag herstellen mußt. In der Zeile "Beutelstoff" findest Du in der Freitag-Spalte den Stoff, aus dem Du den Beutel machen mußt, in diesem Fall Satin. Kannst Du den einen oder anderen Stoff nicht bekommen, so ist Leder in jedem Fall in Ordnung. Dann findest Du unter "Farbe" hier die Farbe "Rosa". Der Beutel muß also aus rosa Satin sein. Nun schaust Du, was hineingefüllt werden kann. Siehe dazu in den Zeilen "Pflanzen", "Bäume" und "Steine". Du kannst auch auf die Tabelle mit Ölen und Weihrauch auf Seite 72 zurückgreifen. Du kannst in den Satinbeutel alles hineinfüllen, was für den Freitag dort aufgelistet ist, also ein Zweiglein Thymian, ein Stück Koralle und ein Fliederblatt etwa.
Zusätzlich kannst Du noch einen Zettel hinein tun, auf dem Du den Zweck des Talismans, seinen "Auftrag", schreibst. Nun bindest Du das Beutelchen zu. Wenn an dem betreffenden Abend Vollmond ist, solltest Du den Talisman eine Weile ins volle Mondlicht legen, um ihn energetisch aufzuladen. Wenn nicht Vollmond ist, geht es auch ohne.

Kordelmagie

Eine Form der Naturmagie, die auch innerhalb der Wicca oft benutzt wird, ist die Kordelmagie. Kordelmagie wird mit Kordeln, also dünnen Seilen, ausgeübt, die eine richtige Hexe natürlich selbst macht. Dazu kannst Du gewöhnliche Wollfäden nehmen, die Du zusammendrehst oder zu einer Schnur flichtst oder häkelst. Mach die Kordeln nicht zu dünn, denn Du mußt Knoten hineinlegen bzw. diese später wieder öffnen können. Traditionell haben die Kordeln drei Farben: Rot, Weiß und Blau. Du

Mittwoch	Donnerstag	Frietag	Samstag
Geschäfte	Geld / Erfolg	Liebe	Bannen
Talisman	Talisman	Talisman	Amulett
Leinen	Flanell	Satin	Jeansstoff
Hellblau	Blau	Rosa	Schwarz
Lavendel	Nelke	Rose	Petersilie
Majoran	Gewürznelke	Flieder	Weinraute
Baldrian	Salbei	Thymian	Wacholderbeere
Benzoebaum	Eiche	Holunder	Kiefer
Achat	Lapislazuli	Rosenquarz	Onyx
Gelber Beryll	Amethyst	Koralle	Steinkohle
Avanturin	Türkis	Jade	Gagat

kannst aber auch die Farben aus dem weiter unten folgenden Abschnitt "Kerzenmagie" anwenden.

Es gibt verschiedene Möglichkeiten der Kordelmagie. Die eine Variante ist schwieriger als die andere. Beachte, daß es nicht dasselbe ist, einen magischen Knoten zu legen oder ein Schnürband zuzubinden. Verschiedene Dinge müssen in der richtigen Reihenfolge gemacht werden, Knoten legen und Sprechen zugleich, und vor allem

Mach es selbst! Herstellen einer Kordel

Willst Du eine Kordel für alle möglichen Arten der Kordelmagie benutzen, dann mußt Du eine weiße Kordel machen. Sie muß so lang sein, wie der Abstand zwischen den Spitzen Deines linken und rechten Mittelfingers bei ausgestreckten Armen beträgt.

Willst Du Deine Kordel flechten, dann nimm dicke Wolle. Du brauchst ungefähr sechs Knäuel derselben Farbe. Willst Du die Kordel häkeln, dann brauchst Du vier Knäuel und mußt dabei mit vier Fäden zugleich häkeln. Ich persönlich finde flechten einfacher. Nun flichtst oder häkelst Du, bis die Kordel die richtige Länge hat.

Du benötigst zum Schluß etwas Klebeband und eine scharfe Schere, um die Schnur fertigzumachen. Die Enden müssen nämlich abgeklebt werden, denn dort darfst Du auf keinen Fall einen Knoten als Abschluß legen, denn die würden spätere magische Arbeiten verfälschen. Wenn Du die Enden ordentlich abgeklebt hast, kann Deine beim Flechten eingeflossene Energie nicht aus der Schnur entweichen. Selbstredend muß das Material, aus dem Du die Kordel machst, aus Naturfasern sein, also nicht aus Polyester, sondern eben aus Wolle o.ä. Kunstfasern solltest Du nur dann nehmen, wenn Du wirklich keine natürlichen Materialien auftreiben kannst.

darfst Du die Kordel solange nicht loslassen, bis Du fertig bist. Natürlich solltest Du als beginnende Hexe nicht gleich die schwierigsten Knotentechniken anwenden. Daher beschreibe ich hier eine ganz einfache Technik, aber zuvor möchte ich noch etwas über das Selbstmachen Deiner Kordeln erzählen.
Nun willst Du sicher wissen, wie man nun mit den Kordeln arbeitet. Die Arbeit mit Kordeln heißt auch "Knotenarbeit".
Es gibt unterschiedliche Weisen, magische Knoten zu legen. Meistens klappte es beim ersten Mal nicht so richtig, aber je öfter Du übst, desto besser geht es irgendwann. Du mußt üben, üben und nochmal üben, bis Du fehlerlos magische Knoten legen kannst. Die bekannteste und einfachste Knotenarbeit heißt "Die neun Knoten". Es geht dabei gar nicht so sehr darum, die Knoten auf eine bestimmte Weise zu legen, sondern vielmehr darum, Knoten zu machen und zugleich dabei einen Spruch aufzusagen.

Mach es selbst! Knotenarbeit – Neun Knoten

Nimm die Kordel in beide Hände.
Lege die Knoten in der angegebenen Reihenfolge. Beginne bei 1, dann 2,3, usw.:
– 1 – 6 – 4 – 7 – 3 – 8 – 5 – 9 – 2 –
Sprich dabei den folgenden Text:

Mein Zauber geht ineins
bei Knoten eins,
Über's Ergebnis ich mich freu'
bei Knoten zwei,
Die Sicht wird frei
bei Knoten drei,
Kraft hol' ich mir
bei Knoten vier,
Der Spruch wird zum Trumpf
bei Knoten fünf,
Der Spruch wird komplex
bei Knoten sechs,
Das Umfeld ist abgeschrieben
bei Knoten sieben,
Die volle Macht
hat Knoten acht,
Kein Gegner wird sein
bei Knoten neun.

Anschließend legst Du die Knotenschnur mit dem Mittelknoten an Deine Stirn und sprichst:

Erde, gib Kraft meinen Worten,
Luft trag sie dahin zu anderen Orten.

Feuer verzehre alles was stört,
Wasser schwemm weg, was sich verschwört.

Geist verstärke diesen Spruch
Damit er stets wirkt, darum ich ersuch'.

Kerzenmagie

Kerzenmagie wird oft von der Naturmagie losgelöst gesehen, da so viele Menschen sie betreiben, nicht nur Hexen. Auch z.B. in der katholischen Kirche spielen Kerzen eine wichtige Rolle. Kerzenmagie bedeutet, am richtigen Tag die entsprechende farbige Kerze abzubrennen. Eine ganz einfache Variante ist, auf einen Zettel den Namen der Person zu schreiben, dem dies magische Ritual dienen soll und darauf einen Kerzenständer mit einer entprechend farbigen, brennenden Kerze zu stellen. Du kannst die Kerze auch auf ein Foto oder einen persönlichen Gegenstand aus dem Besitz der Person stellen. Beim Entzünden der Kerze kannst Du einen (selbstgemachten) Vers oder Spruch sagen, es ist aber nicht zwingend notwendig. Neben solch einer "Wunschkerze" kannst Du auch Kerzen anzünden, um damit die Hilfe von Göttin oder Gott zu erbitten. Angenommen, negative Energien belasten Dich und Du willst Dich davor schützen. Entzünde dafür zwei Kerzen, eine rote und eine schwarze. Weil Du das Negative (schwarze) vertreiben willst, stellst Du die schützende (rote) Kerze vor die schwarze auf den Altar. Ich möchte hier noch einmal eindringlich die Brandgefahr ansprechen, die von Kerzen ausgeht. Welchen Sinn mag es wohl haben, wenn Du mit Hilfe der Kerzenmagie Dein Haus oder Deine Wohnung schützen willst und es/sie zugleich mit brennenden Kerzen abfackelst, weil Du nicht darauf geachtet hast, daß die Kerzen die Gardinen entflammen könnten?
Also: Aufgepaßt beim Umgang mit Kerzen, Weihrauch und Feuer!

Sprüche

Einen Vers, den Du sagst, um einer magischen Handlung mehr Nachdruck zu verleihen, nennen wir Spruch oder Zauberspruch (engl. *spell*). Ebenso wie bei den rituellen Texten ist ein Spruch besonders stark, wenn er sich reimt (so steht es ja auch in der *Wiccan-Rede*).
Wenn Du im Reimen nicht so geschickt bist, macht das nicht so viel aus; er wirkt auch ungereimt, nur gereimt ist er eben stärker. Es gibt Bücher über Magie, in denen auch Sprüche zu finden sind. Viele sind in englischer Sprache oder in mehr oder minder guten Übersetzungen aufgeführt.
Es ist eben nicht einfach, einen fremdsprachigen gereimten Text einerseits sinngemäß und andererseits auch im Deutschen gereimt wiederzugeben. Wenn Du also keinen geeigneten Spruch für Deinen Zweck finden kannst oder Dir die Übersetzungen nicht gefallen, dann dichte selbst Deine Sprüche.

Dichte Deinen eigenen Spruch

Sprüche kannst Du separat als lockere Reime verfassen oder sie gleich in ein ganzes Ritual einbetten. Das Schreiben von Ritualen habe ich oben schon besprochen (siehe im Kapitel "Hexenrituale"), darum will ich an dieser Stelle nur über die Sprüche reden. Was mußt Du alles bedenken, bevor Du beginnst, einen Spruch zu verfassen?

1.Welche magische Handlung soll der Spruch beinhalten? (Naturmagie, Kordelmagie, Kerzenmagie usw.)
2. Zu welchem Zweck willst Du diese Magie einsetzen? (Schutz, Gesundheit usw.)
3. Welche Götter, Tiere, Elemente willst Du um Hilfe anrufen?
4. Textest Du einen "offenen" Spruch oder einen einzig und allein für diese spezielle Gelegenheit? Bei einem offenen Spruch läßt Du einen Platz frei für variable Namen, es sei denn, Du willst gar keine Namen benutzen.
5. In welcher Sprache willst Du den Spruch schreiben (Deutsch, Englisch usw.)
6. Willst Du, daß sich Dein Spruch reimt?

Beispiel:
1. Naturmagie
2. Vertreiben von bösen Mächten
3. Herrin Mond, Wind, Wasser und Feuer
4. Ich will als Namen "diesen Ort" benutzen
5. Deutsch
6. Nein, nur wenn es sich ergibt

Der Spruch könnte dann so aussehen:

„Ich rufe Dich, oh Herrin Mond, und bitte um Deine Hilfe,
alles Böse von diesem Ort zu vertreiben.
Ich rufe Euch, Ihr Wesen des Feuers,
diesen Ort zu reinigen mit Eurem Licht.
Ich rufe Euch, Ihr Wesen des Wassers,
schwemmt hinweg Verderben und Leid.
Ich rufe Euch, Ihre Wesen des Windes,
blast weg die düsteren, dunklen Mächte.
So wie ich's sage, so soll es sein.
So wie ich's sage, ist es getan."

Ein dazu passendes Ritual
Nimm eine Schüssel voll Wasser, das mit Eukalyptusöl gemischt ist, und sprich die erste Zeile des Spruchs. Knie Dich dabei hin und setz Dich auf Deine Fersen. Halte die Schüssel dem Mond entgegen und sprich die zweite Zeile. Stelle die Schüssel zurück auf den Altar. Entzünde eine Kerze und sprich die dritte Zeile.

Nimm sie in die Hand und laufe einmal gegen den Uhrzeigersinn in Deinem Zimmer herum, während Du die vierte Zeile sprichst. Setze die Kerze wieder auf den Altar und entzünde nun ein Räucherstäbchen. Währenddessen sprichst Du die siebte Zeile. Auch damit gehst Du einmal durch Dein Zimmer (gegen den Uhrzeigersinn) und sprichst die achte Zeile. Bei der vorletzten Zeile löschst Du die Kerze und bei der letzten Zeile löschst Du das Räucherstäbchen.

Das magische Tagebuch

Alle Sprüche, die Du getextet hast, aber noch nicht ausprobiert, schreibst Du zunächst in Dein magisches Tagebuch. Wenn Du dann einen Spruch ausprobierst, mußt Du genau aufschreiben, wie es abgelaufen ist, ob er gewirkt hat usw. Es folgen einige Hinweise für die Aufzeichnung, an die Du Dich möglichst genau halten solltest.

1. Notiere Datum und Uhrzeit, an dem bzw. zu der Du den Spruch angewendet hast.
2. Notiere den Stand des Mondes zu diesem Zeitpunkt.
3. Notiere eventuell auch den Stand der Planeten.
4. Für wen und warum hast Du die Magie eingesetzt?
5. Wie fühltest Du Dich, bevor Du mit dem Zauber begannst?
6. Wie fühltest Du Dich, nach dem Zauber?
7. Beschreibe detailliert das Ritual, in dem Du den Spruch verwendet hast.
8. Welche Gegenstände hast Du benutzt, wie war Dein Altar aufgebaut?
9. Wenn der Zauber einen Effekt hatte, dann beschreibe, welchen.

Erst, wenn Dein Zauber wirklich den gewünschten Effekt hatte (möglicherweise klappt das nicht beim ersten Mal und Du mußt ein wenig experimentieren), ist er würdig genug, daß Du ihn in Dein BDS überträgst.
Dabei mußt Du genau aufführen, wie Dein Altar aufgebaut war, Kerzen welcher Farbe Du benutzt hast und wieviele, Art und Aufbau des ganzen Rituals, in dem der Spruch eingesetzt wurde, an welchem Wochentag bei welchem Mondstand Du das Ritual ausgeführt hast usw. (die notwendigen Details hattest Du ja schon im magischen Tagebuch festgehalten und kannst sie jetzt einfach übernehmen). Natürlich schreibst du auch dazu, wozu der Zauber dient.

Hexengruppen

Viele Hexenbücher gehen davon aus, daß die Leserin/der Leser Mitglied in einer Hexengruppe (engl.: *coven*) ist. Rituale sind darin häufig so geschrieben, daß nur mehrere Personen sie ausführen können. Es wird viel über Einweihung, Grade, Hohepriesterinnen und Hohepriester geschrieben. Weil sie in der Literatur so viel über covens geschrieben findet, will dann manch eine beginnende Hexe auch tatsächlich Kontakt zu einer Hexengruppe aufnehmen und einem Coven beitreten.

Das ist aber nicht so einfach. Es ist schon schwierig genug, überhaupt eine Hexengruppe ausfindig zu machen, geschweige denn, daß man sogleich mit offenen Armen aufgenommen würde. Weil es so wenige Covens gibt, wählen die wenigen auch sehr genau aus, wer ihnen beitreten darf und wer nicht. Innerhalb einer Hexengruppe müssen sich die einzelnen Hexen nämlich blind aufeinander verlassen können und sich untereinander sehr verbunden fühlen. Da hinein zu kommen ist für das neue Mitglied ebenso schwierig, wie für die "alten". Wichtig ist auch, daß die Leiter der Gruppe und die Gruppenmitglieder einen "Draht" zu dem potentiellen Neumitglied haben, oder anders gesagt: Wenn die Chemie stimmt und man ist sich gegenseitig sympathisch, dann ist eine mögliche Aufnahme schon viel näher gerückt.

Der richtigen Aufnahme geht eine Initiation, eine Einweihung voraus. Rechne nicht damit, daß man Dir die Inititation anbietet. Es ist üblich, daß die/der Eintrittswillige darum bittet. Covens stehen immer in einer bestimmten Tradition (z.B. Gardnerianer, Alexandrianer usw.). Darum mußt Du natürlich erst einmal vieles über die jeweils gepflegte Tradition lernen, bevor Du zur Einweihung zugelassen wirst. Du solltest auch eigene Erfahrungen nachweisen können. Die Leiter der Gruppe werden Dich prüfen, ob Du nur ein paar Bücher gelesen hast oder ob Du selbst schon z.B. Rituale entwickelt und ausgeführt hast. In aller Regel mußt Du auch an einem Unterricht teilnehmen, in dem Du mehr über die entsprechende Tradition des Covens lernst und auch wie der Coven funktioniert usw. Solche eine Ausbildung dauert meist ein Jahr und einen Tag, gerechnet ab Deinem ersten intensiven Kontakt zur Gruppe. Erst danach kannst Du um die Einweihung ersten Grades bitten.

Wußtest Du ...

- daß ein Coven immer von einer Hohepriesterin und einem Hohepriester geleitet werden?
- daß ein Coven, der von nicht-eingeweihten Hexen geleitet wird, auch eklektischer Coven oder Ritualkreis genannt wird?
- daß ein Hexenkreis, dessen Mitglieder sich lediglich zum Feiern der Jahresfest zusammenkommen, auch Jahresfestgruppe genannt wird?

Junge Hexen

Wenn Du eine Hexengruppe gefunden hast, aber noch nicht 18 Jahre alt, also noch nicht volljährig bist, wird man Dir zweifelsohne sagen, Du seist noch zu jung für einen Beitritt. Das liegt nicht an Dir, sondern vielmehr an den juristischen Problemen, die ein Coven bekommen kann, wenn die Eltern eines minderjährigen Jugendlichen mitbekommen, daß ihre Tochter oder ihr Sohn Mitglied in einer Hexengruppe ist. Außenstehende halten Wicca meist für eine Sekte, die Menschen "zwingt" ihr zu folgen. Das ist Unsinn. Hexerei ist eine freie Religion und Du allein beschließt, ob Du einem Coven beitreten willst oder nicht.

Eltern verstehen oft die religiösen Ansichten ihrer Kinder nicht, vor allem, wenn sie einer anderen religiösen Auffassung als Tochter oder Sohn sind. Sie finden dann, daß die Ansicht des Kindes "verkehrt" ist und werden alles daran setzen, ihre Kinder von ihrem eigenen Glauben zu überzeugen. Daß ihr Kind einem Hexenring beitritt, werden die wenigsten Eltern zulassen. Wenn ein Coven dann einen Jugendlichen unter18 Jahren aufnimmt, können die Leiter der Gruppe von den Eltern verklagt werden. Da Hexerei in der Gesellschaft schlecht beleumundet ist und meist negativ dargestellt wird, begeben sich die meisten Coven gar nicht erst in diese Gefahr und nehmen nur Volljährige auf. Daher wirst Du als junge Hexe warten müssen, bis Du 18 Jahre alt geworden bist, bevor Du einem Coven beitreten kannst.

Struktur eines Coven

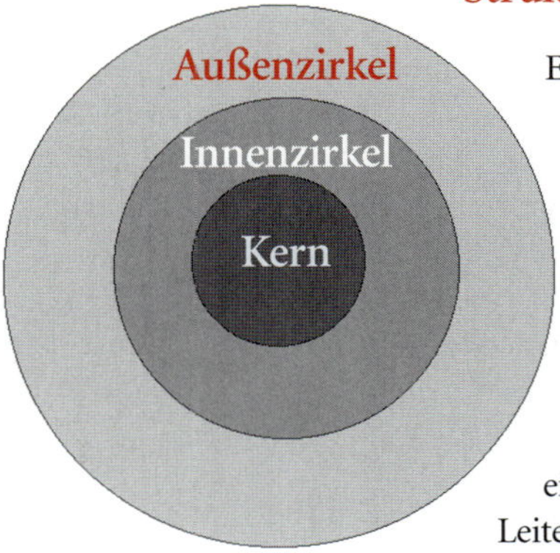

Ein Coven besteht meist aus mehreren "Kreisen" oder "Zirkeln", nämlich einem Außenzirkel, einem Innenzirkel und dem Kern.

Der Außenzirkel oder äußere Kreis umfaßt die Menschen, die bei dem Coven in Ausbildung und Vorbereitung stehen, aber noch nicht eingeweiht sind.

Der Innenzirkel oder innere Kreis setzt sich aus den Mitgliedern zusammen, die eingeweiht sind. Der Kern besteht aus den Leitern des Covens und denjenigen Mitgliedern, die kurz davor stehen, den Muttercoven zu verlassen, um anderswo selbst einen eigenen Coven zu gründen.

Bei den Aktivitäten des Innenzirkels (Jahr- und Mondfeste, Rituale, magische Tätigkeiten) darf niemand teilnehmen, der nicht eingeweiht ist. Manchmal werden anläßlich einer Hexenhochzeit (engl.: *handfasting*) Ausnahmen von dieser Regel gemacht. Sehr selten dürfen bei einer solchen Zeremonie die engsten Familienangehörigen der Hochzeiter teilnehmen. Dann wird die Feier aber so abgeändert, daß Außenstehende sie auch verstehen.

Der Außenzirkel feiert die Mondfeste und manchmal kleinere Rituale. Die sind dann für jeden zugänglich, der bei dem Coven in Ausbildung ist. Die Rituale des Außenzirkels sind viel einfacher als die des Innenzirkels und fungieren eigentlich als eine Art Training.

Initiation / Einweihung

In der Wicca gibt es traditionell drei Einweihungsgrade: den ersten, zweiten und dritten Grad. Als Eingeweihte/r ersten Grades bekommst Du den Titel "Priesterin" oder "Priester". Als Eingeweihte/r des zweiten oder dritten Grades bist Du Hohepriesterin oder Hohepriester. In der Alexandrianer-Tradition bist Du beim zweiten Grad Hexenkönigin bzw. Hexenkönig. Nur Eingeweihte des dritten Grades sind dort Hohepriester. Diese Tradition kennt noch eine weitere Einweihung, die sogenannte "Novizeninitiation". Das ist eine Art "nullter Grad", der es Novizen, also Auszubildenden in der Hexerei, gestattet, gelegentlich an Jahrfeiern teilzunehmen.

Neben der Eiweihung durch einen Coven gibt es noch zwei weitere Arten der Initiation. Entweder initiierst Du Dich selbst, oder Du wirst durch eine andere Solo-Hexe eingeweiht. Die Einweihungsformen kennen meistens keine Gradabstufungen.

Es sind Einweihungen, die Dich befugen, alle Tätigkeiten einer Solo-Hexe auszuführen. Da eine solche Einweihung nur für die Arbeit allein gültig ist, wird sie von einem Coven nicht als Einweihung anerkannt oder auf die Ausbildungszeit an-

gerechnet, wenn die Solo-Hexe später dann doch einem Coven beitreten will. Sie beginnt dann ganz von vorn, da sie ja alles noch lernen muß, was einen Gruppenbezug hat. Manchmal jedoch ist eine Verkürzung der Ausbildung durchaus möglich. Wenn die Einweihung der Solo-Hexe und die Arbeitsweise des Covens einander sehr ähnlich sind, kann die Solo-Hexe manchmal in einer sogenannten "Bindungszeremonie" beitreten, worin sie unter anderem einen Treueeid ablegt.
Die Einweihung durch eine andere Solo-Hexe ist in der Regel nicht auf eine bestimmte Tradition abgestimmt, denn die meisten Solo-Hexen arbeiten eklektisch: sie verwenden, was ihnen gefällt. Die Ausbildung durch eine Solo-Hexe ist auch nicht so streng und strukturiert wie im Coven.

Selbsteinweihung bedeutet, daß Du alles selbst auswählen und Deinen Weg ganz allein finden mußt. Natürlich bist in diesem Fall auch Du selbst die- bzw. derjenige, die/der beschließt, wann Du reif für die Einweihung bist. Der Weg der Selbsteinweihung ist der schwierigste. Er ist gespickt mit Stolpersteinen und Fallgruben. Wenn ein Lehrmeister zur Verfügung steht, dann suche ihn auf. Wenn Du niemanden findest, dann geh den harten, einsamen Weg der Selbsteinweihung.

Ausbildung

Vielleicht fürchtest Du Dich davor, bei einem Coven in die Ausbildung zu gehen. Die Schule findest Du womöglich schon schwierig genug, auch ohne eine weitere intensive Ausbildung in Deiner freien Zeit.
Was lernst Du nun während einer solchen Ausbildung? Was mußt Du wissen und können, um eingeweiht zu werden?
Nicht nur für die Coven-Ausbildung solltest Du wissen, worum es geht. Das gilt erst recht, wenn Du keinen Lehrmeister finden konntest und ganz allein den Weg finden mußt. Die folgende Liste bezieht sich nicht auf eine bestimmte Tradition, sie erfüllt vielmehr die Grundanforderungen mehrerer Traditionen.

1. Du kennst die drei Techniken, einen magischen Kreis zu ziehen und zu schliessen auswendig und kannst sie fehlerlos anwenden.
2. Du kennst mindestens drei Standardrituale für einen Esbat und drei für einen Sabbat auswendig und kannst sie auch ausführen.
3. Du hast mindestens ein Jahr und einen Tag alle Deine Erfahrungen auf magischem und rituellem Gebiet in einem Tagebuch festgehalten.
4. Du kennst drei Divinationssysteme und kannst ordentlich damit umgehen.
5. Du hast mindestens dreimal Magie angewendet und ein Resultat erzielt.
6. Du kennst die Wiccan-Rede auswendig und kannst erklären, wie man nach ihr lebt.
7. Du kennst die Geschichte und die Gebräuche der von Dir gewählten Tradition und kannst sie in einer Übersicht aufschreiben.

8. Du hast mindestens ein Jahr und einen Tag die Hexenkunde studiert und Deine Fortschritte in einem Tagebuch notiert.
9. Du besitzt alle notwendigen Altargegenstände, weißt wie und wo sie auf bzw. bei dem Altar liegen müssen und wozu sie verwendet werden.
10. Du hast mindestens drei Esbate und Sabbate gefeiert, entweder allein oder in einer Gruppe.
11. Du hast mindestens ein Jahr und einen Tag intensiv die Kräuterheilkunde, die Volksheilkunde und alternative Heilweisen studiert.
12. Du hast ein Buch der Schatten angefertigt und kannst dies vorlegen.
13. Du weißt, wie man ein Ritual aufbaut und hast mindestens drei Esbat-Rituale, drei Sabbat-Rituale und drei Alltags-Rituale selbst verfaßt.
14. Du kannst einen magischen Kreis öffnen und schließen und kannst erkennen, ob ein bestehender Kreis geöffnet oder geschlossen ist.
15. Du kannst rituelle Öle für zumindest drei unterschiedliche Anlässe zubereiten (z.B. für einen Sabbat, für einen Esbat, für magische Zwecke).
16. Du kannst genau erläutern, welche Rolle die Liebe zur Natur in Deinem Leben spielt und warum.
17. Du kannst Erfahrungen mit Meditation und Visualisierung belegen.
18. Du hast zumindest eine Visualisierung verfaßt und sie erfolgreich ausgeführt.
19. Du hast auf eigene Art und Weise Kontakt zu Göttin und Gott gepflegt und kannst deutlich machen, wie Du das geschafft hast.

Manche mögen denken „Ist das alles?", andere finden es vielleicht fürchterlich viel. Covens stellen meist noch viel höhere Anforderungen, bevor sie eine Einweihung auch nur in Erwägung ziehen. Als Solo-Hexe kannst Du Dich zunächst an die obigen Richtlinien halten.

Jahresfestgruppen

„Je mehr Seelen, desto mehr Freude" lautet ein altes Sprichwort. Feste zusammen mit anderen zu feiern, ist viel schöner und macht mehr Spaß. Um sie aus ihrer „Einsamkeit zu erlösen" gibt es vielerorts Gruppen, zu denen sich Solo-Hexen zusammenfinden, um die Jahresfeste gemeinsam zu feiern.

Eine echte Jahresfestgruppe hat meist nichts mit einem Coven zu tun. Es ist einfach eine Gruppe von bunt zusammengewürfelten Solo-Hexen, die gerne die Jahresfeste zusammen feiern, nicht die Mondfeste, und sie betreiben auch keine gemeinsame Magie. Ihre Rituale schreiben sie selbst, zumeist in Kombination mit Musik und Tanz. Jahresfestgruppen sind meist auch für Außenstehende offener. Das liegt unter anderem daran, daß niemand in der Gruppe eine offizielle Initiation abgelegt hat. Solch eine Gruppe ist eine gute Möglichkeit für beginnende Hexen, einmal ein Fest mitzufeiern.

Ritualgruppen

Es gibt auch Gruppen, die auf den ersten Blick einem Coven gleichen. Wir nennen solche Gruppen eklektische Covens oder Ritualgruppen. Solche Gruppen arbeiten nicht nach einer bestimmten Tradition und werden auch nicht von einer Hohepriesterin und einem Hohepriester geleitet. Manchmal werden die Gründer einer Ritualgruppe aus Bequemlichkeit so genannt, aber eine offizielle Einweihung zur Hohepriesterin oder zum Hohepriester haben sie in der Regel nicht erfahren.
Ein eklektischer Coven macht eigentlich das gleiche wie ein "richtiger" Coven. Die Teilnehmer feiern zusammen die Jahres- und Mondfeste, betreiben zusammen Magie, bilden aus und kommen zusammen, um zu divinieren und Erfahrungen auszutauschen. Die einzigen Unterschiede liegen darin, daß sie kein offizieller Coven sind und eben keiner bestimmten Tradition folgen.
Im Prinzip kann jeder einen eklektischen Coven gründen. Wenn sich mehrere Solo-Hexen zusammenfinden und "gut miteinander können", dann kann das der Beginn eines solchen Covens sein.

Einen Coven gründen

Was gilt es zu beachten?

1. Wann und wo wollt Ihr zusammenkommen?
2. Wollt Ihr nur die Jahr- und Mondfeste zusammen feiern, oder wollt Ihr auch zusammen studieren, divinieren und Magie betreiben?
3. Wer soll die Gruppe leiten: die Gründer oder diejenigen mit der meisten Erfahrung?
4. Wollt Ihr nur Frauen oder Männer oder sowohl als auch zulassen?
5. Wer trägt die Kosten, die der Coven verursacht? Sollen Mitgliedsbeiträge gezahlt werden, wenn ja, wie hoch sollen die sein und wofür sollen sie verwendet werden?
6. Wollt Ihr die Rituale nackt, in besonderen Gewändern oder in gewöhnlicher Straßenkleidung ausführen? Sollen alle die gleiche Kleidung tragen oder sollen etwa die Leiter sich anders kleiden? Wenn Ihr Euch für gewöhnliche Straßenkleidung entscheidet, soll die dann eine bestimmte Farbe haben und wenn ja, welche?
7. Was geschieht, wenn der Coven, z.B. wegen Tod oder Ausscheiden des Leiters ohne Führung dasteht? Werden Mitglieder speziell dazu ausgebildet, um den Platz einzunehmen oder wird in anonymer/offener Wahl ein neuer Leiter bestimmt?
8. Laßt Ihr neue Mitglieder zu? Bildet Ihr neue Mitglieder aus? Wie sieht Euer Einweihungsritual aus?

9. Wenn Ihr Sprüche, Verse, Lieder und sonstige Texte verwendet, benutzt Ihr dann z.B. englische Originaltexte oder Übersetzungen oder macht Ihr Eure eigenen Texte?
10. Verfaßt Ihr Eure Rituale in der Gruppe, überlaßt Ihr das den Leitern der Gruppe oder einem ausgewählten Mitglied?
11. Wird eine Magd oder ein Page bestellt, um die Hohepriesterin/den Hohepriester bei Ritualen zu unterstützen?
12. Hat der Coven ein eigenes BDS und was wird darin aufgenommen?
13. Hat der Coven eigene Werkzeuge und Hilfsmittel, oder wird mit dem Werkzeug der Mitglieder gearbeitet?
14. Was geschieht, wenn Coven-Mitglieder untereinander in Streit geraten?

Natürlich gibt es noch eine Menge mehr zu bedenken. Die oben genannten Anhaltspunkte gelten genauso für die Gründung einer Jahresfestgruppe oder einer Ritualgruppe.
Minimal hat ein Coven drei Mitglieder: Hohepriesterin, Hohepriester und ein Mitglied. Maximal sind es in der Regel dreizehn Mitglieder.

HEXENWELT

Wir stehen nun vor der Pforte zur Hexenwelt. Nachdem Du nun alles gelesen hast, was ich Dir als Reiseführer erzählt habe, weißt Du nun genug, um zu entscheiden, ob Du Dir Deinen eigenen Weg in die Hexenwelt suchen willst. Sei willkommen! Die Pforte steht sperrangelweit auf. Tritt ein – wenn Du es willst. Du kannst genauso auch umkehren und beschließen, doch lieber keine Hexe zu werden. Solange Du den Fuß nicht über die Schwelle gesetzt hast, kannst Du noch zurück. Wenn Du durch die Pforte gehst, sei Dir klar darüber, daß es dann für immer ist. Einmal Hexe, immer Hexe. Überlege es Dir gut. Du mußt Dich nicht sofort entscheiden. Die Tür steht immer offen. Du kannst jederzeit die Hexenwelt betreten.

Keine Angst – die Welt der Hexen ist keine Nebenwelt, es ist eine Welt tief in Deinem Herzen. Eigentlich bist Du selbst die Pforte, die Du durchschreiten kannst. Es ist Deine Wahl! Und merke Dir: Du bist nicht mehr oder weniger, als jeder andere, der nicht Hexe ist, wenn Du die Welt der Hexen betrittst und Dich selbst Hexe nennst. Du hast aber die Chance, mehr aus Dir zu machen, als Du vorher warst. Wenn Du die Hexenwelt betrittst, denke immer daran, Dich gut zu erden, so daß Du immer, auch wenn Du in der "gewöhnlichen" Welt bist, Kontakt zu Dir selbst, Deiner inneren Welt hältst. Suche Dir eine Hexenheimat. Willst Du sie bei den Alexandrianern oder bei den Gardnerianern finden, oder baust Du Dir lieber Dein eigenes Haus? Welchen Weg willst Du gehen, den des Heilens, den des Divinierens oder den der Magie?

Ich habe Dich nun bis an diese Pforte begleitet. Jetzt mußt Du selbst entscheiden – für den Weg voran oder den Weg zurück.

Ich wünsche Dir viel Weisheit
beim Treffen Deiner Wahl,
beim Laufen auf den Pfaden,
beim Finden Deiner selbst.

HEXEN-BÜCHER

Im folgenden findest Du eine Liste mit einigen ausgewählten Büchern zum Thema Hexen. Es gibt inzwischen sehr viel Literatur zu diesem Thema und täglich erscheinen neue Bücher.

Ansha: Hexenküchen Zauber. Die Küche in Jahreszyklus der weisen Frauen.
München (Ludwig) 1999

Bandini, Ditte und Giovanni: Kleines Lexikon des Hexenwesens.
München (dtv) 2./2000

Banger, Martin: Astrologie – Was ist das eigentlich?
Amsterdam (IRIS Bücher & mehr) 2000

Bauer, W.: Lexikon der Symbole.
Wiesbaden (Fourier) 1993

Beckmann, Barbara und Dieter: Das geheime Wissen der Kräuterhexen. Alltagswissen vergangener Zeiten.
München (dtv) 3./1999

Biedermann, H.: Handlexikon der magischen Kuenste.
Graz (ADEVA) 1986

Bown, Deni: Dumont's Große Kräuterenzyklopädie.
Köln (Dumont) 2./1996

Caland, Magdalena: Kerzenzauber – Alles über Kerzen, deren Hintergründe und Bedeutung.
Amsterdam (IRIS Bücher & mehr) 1999

Crowley, Vivianne: Wicca – Die alte Religion im neuen Zeitalter.
Bad Ischl (edition Ananael) 2./1998

Crowley, Vivianne: Wicca
Neuhausen (Urania) 2001

Das Große Lexikon der Heilsteine, Düfte und Kräuter
Neu-Ulm (Edition Methusalem) 8./2000

Defoe, D.: Geschichte des Teuffels. Frankfurt, 1633

Dolnick, Barrie: Das magische Power-Set oder wie Sie ihrem Erfolg auf die Sprünge helfen. Freiburg (Bauer) 1999

Eerenbeemt, Noud van den: Handbuch für Hexen. Richtlinien für moderne Hexen. Amsterdam (IRIS Bücher & mehr) 3./2000

Ehmer, Manfred: Weisheit des Westens. Mensch, Mythos und Geschichte.
Krummwisch (Königsfurt) 2000

Golowin, Sergius. Die Weisen Frauen. Basel (Spinx Vlg.) 1982

Heilmann, K. E.: Krauterbuecher in Bild und Geschichte.
Muenchen (Koelbl Verlag) 1966

Hexen Taschenkalender
Amsterdam (IRIS Bücher & mehr) erscheint jedes Jahr

Holroyd, Stuart: Zaubersprüche und Zahlenmagie
Frankfurt/Berlin (Ullstein) 1978

Holzapfel, Varuna: Das Hexeneinmaleins – Weg einer Einweihung.
Neuwied (Smaragd Vlg.) 1997

Kiesewetter, K.: Die Geheimwissenschaften.
Leipzig (Friedrich Verlag) 1894

Lucas, Richard: Die Magie der Heilkräuter. Heilkraft und Heilwirkung unserer Pflanzen und Kräuter. Freiburg (Bauer) 5./1999

Malleus Malleficarum oder der Hexenhammer. Leipzig, 1937/1938

McIntyre, Anne: Das Große Buch der heilenden Pflanzen. Aromatherapie, Blütenessenzen, Homöopathie, Kräuterheilkunde.
München (Hugendubel/Irisania) 1998

Sawada, Eva: Magie der Blumen
Amsterdam (IRIS Bücher & mehr) 2000

Sluis, Claudia van der: Alte Traditionen – Moderne Hexen. Hexenwissen im Alltag für Jedefrau und Jedermann. Amsterdam (IRIS Bücher & mehr) 2001

Sonnenberg, Petra: Die spirituelle Kraft der Bäume.
Amsterdam (IRIS Bücher & mehr) 1999

Vescoli, M.: Der Keltische Baumkalender.
München (Kailash/Hugendubel) 1995

Wolf, Hans-Jürgen: Hexenwahn und Exorzismus.
Kriftel (Historia) 1980

Wallrath, B.: Das echte Keltische Baumhoroskop.
Neuwied (Samragd Verlag) 1998

Zacharias, G.: Satanskult und Schwarze Messe.
Wiesbaden (Limes Verlag) 1964

Hexenkinder

Für Eltern junger Hexen

Sie sind sicher sehr erschrocken gewesen, als Ihr Kind Ihnen mitteilte, daß es sich mit moderner Hexerei beschäftigt und sich selbst Hexe nennt.
Ich kann sehr gut verstehen, daß es ein Schock für Sie ist, daß Ihr Kind einer anderen religiösen Vorstellung folgt, als Sie selbst. Häufig kommt es darüber zwischen Eltern und "Hexenkindern" zum Streit. Viele Jugendliche trauen sich aus Angst vor ihren Eltern gar nicht, sich als Hexe zu erkennen zu geben. Sie fürchten, von den eigenen Eltern nicht akzeptiert oder gar verstoßen zu werden. Sie haben Angst vor Ihrer Ablehnung und Ihrem Unverständnis.
Bei Hexerei denken Sie wahrscheinlich an Schwarze Magie, ans Mittelalter, an Schwarze Messen mit nackten Jungfrauen usw. Es wäre gut für Sie und Ihr Kind, wenn Sie etwas von moderner Hexerei wüßten, um sich ein Urteil bilden zu können, das nicht auf Schauergeschichten beruht. Es geht bei moderner Hexerei um etwas ganz anderes als um das Teufelszeug der Legenden. Moderne Hexen haben zum Ziel, untereinander und zu anderen Menschen gut zu sein, Harmonie zwischen den Menschen zu etablieren anstelle von Streit und Krieg.

Moderne Hexerei

Die folgende kurze Übersicht soll Ihnen einen Eindruck von dem vermitteln, was moderne Hexerei ist:

- Moderne Hexerei (Wicca) ist eine Naturreligion, die auf Überlieferungen verschiedener alter Kulturen beruht, etwa der Ägypter, Griechen, Römer, Kelten, Germanen und Wikinger. Im Gegensatz zu diesen polytheistischen Kulturen ist die moderne Hexerei eine dualistische Religion, d.h., man glaubt an eine Göttin und einen Gott. Hexen rufen sie unter verschiedenen Namen an, die aus oben genannten Kulturen stammen.

- Moderne Hexerei hat mit Schwarzer Magie, Satanismus, Dämonen und anderen düster-okkulten Sachen nichts zu tun. Hexen glauben nicht an einen Teufel oder an irgendwelche Gottheiten des Bösen. Sie wollen zu sich und anderen gut sein und anderen helfen.

- Moderne Hexen führen Rituale aus und praktizieren Magie. Tatsächlich werden diese Rituale oft nackt vollzogen, das hat aber keinerlei Verbindung zu Erotik oder Sex. Die Nacktheit der Hexen beim Ritual hat vielmehr mit dem Wunsch der Hexen zu tun, möglichst eins mit der Natur zu sein. Daneben ist die Nacktheit ein Symbol der Verletzbarkeit und ein Zeichen der Demut gegenüber den Gottheiten. Die Nacktheit ist kein Muß. Sehr viele moderne Hexen führen ihre Rituale nicht nackt aus.

- Hexen arbeiten häufig mit Orakeln, allerdings nicht, um die Zukunft vorherzusagen, sondern tiefere Einsichten in sich selbst und ihre aktuelle Situation zu finden.

- Die Magie der modernen Hexen hat eine positive Zielsetzung. Magie wird ausschließlich eingesetzt, um anderen zu helfen und keinesfalls, um jemandem zu schaden. Das Hexengesetz schreibt den Hexen vor, daß sie alles tun dürfen, solange es niemandem schadet. Magie wird niemals angewendet, wenn dasselbe Resultat auch ohne Magie erreicht werden kann.

- Hexen versuchen so gut es geht, im Einklang mit der Natur zu leben und achten jedes Lebewesen gleich hoch.

- Hexen feiern andere Feste als die meisten Menschen. Sie begehen acht Jahresfeste: die Sonnenfeste,die Landbaufeste und zudem die Vollmondfeste. Hexen sehen den Mond als Symbol für die Göttin und glauben, daß der Stand des Mondes Einfluß auf das tägliche Leben hat.

- Manchmal schließen sich Hexen zu einer Hexengruppe (Coven) zusammen. Sie feiern dann zusammen mit anderen Hexen ihre Feste und lernen und studieren zusammen.

- Hexen beschäftigen sich häufig mit natürlichen und alternativen Heilweisen.

- Das Ziel der Hexerei ist es, tiefere Einsichten in sich selbst zu bekommen und in Harmonie mit der Natur zu leben.

Akzeptieren Sie, daß Ihr Kind eine Hexe ist.

Sie müssen selbst entscheiden, ob Sie akzeptieren können, daß Ihr Kind sich als Hexe fühlt, oder nicht. Daran können auch die oben aufgeführten Informationen nichts ändern. Prüfen Sie jedoch, was Ihre ablehnenden Gefühle hervorruft.
Ich kann verstehen, wenn Sie nicht gerade begeistert sind, daß Ihr Kind magische Rituale betreibt und erst recht nicht, wenn es dies nackt ausführt. Doch selbst wenn Sie mit dem Glauben Ihres Kindes nicht übereinstimmen, so sollten sie ihm doch zugestehen, daß es einen eigenen Glauben hat. Kinder werden älter und müssen irgendwann ihren eigenen Weg gehen.

Veränderungen

Vielleicht fragen Sie sich, ob und inwieweit sich Ihr Kind verändert, wenn es sich mit Hexerei beschäftigt und wie Sie selbst damit umgehen sollen.

- Schwarz ist eine echte Hexenfarbe. Seien Sie also nicht schockiert, wenn Ihr Hexenkind plötzlich nur noch schwarze Kleidung tragen will.

- Viele Hexen tragen ein Pentagramm (fünfzackiger Stern) um den Hals. Dieser symbolisiert die fünf Elemente, die von Hexen sehr hoch geschätzt werden. Eventuell können Sie Ihr Kind bitten, das Pentagramm unter der Kleidung zu tragen, wenn etwa Besuch kommt.

- Wenn es Sie beunruhigt, daß Hexen Rituale ausführen und Magie praktizieren, fragen Sie doch einfach, ob Sie einmal bei einem solchen Ritual dabei sein dürfen, um zu sehen, was da geschieht.

- Es kann sein, daß Ihr Hexenkind plötzlich nur noch vegetarisch essen und/oder nur noch biologisch einwandfreie Nahrungsmittel aus dem Bioladen zu sich nehmen will. Wenn Ihnen das zu teuer wird (schließlich haben Sie sicher keinen Goldesel im Keller stehen), dann bitten Sie Ihr Kind, einen Teil der Kosten selbst zu tragen, beispielsweise auf einen Teil des Taschengeldes zu verzichten oder selbst etwas Geld zu verdienen.

- Vielleicht kommt Ihr Kind eines Abends und teilt Ihnen mit, es gehe heute Nacht nach draußen, um den Mond zu betrachten. Dann ist wahrscheinlich Vollmond: eine Festnacht für Hexen. Wenn Sie es nicht verantworten wollen, daß sich Ihr Kind nachts draußen "herumtreibt", dann können Sie mit ihm eine Absprache treffen, daß es z.B. den Hausgarten nicht verlassen darf. Oder Sie gehen mit.

- Eines Tages wird Ihr Kind kommen und Ihnen erzählen, daß heute ein besonderer Tag sei. Dann ist der Tag eines Jahresfestes gekommen. Sie können dann mit Ihrem Kind zusammen etwas "hexerisches" tun, etwa eine Hexenmahlzeit zubereiten oder einen ausgedehnten Waldspaziergang machen.

Gegenseitige Akzeptanz

Wenn Sie tolerant gegenüber den religiösen Auffassungen Ihres Kindes sind, dann können Sie auch von Ihrem Kind erwarten, daß es Ihre religiösen Überzeugungen achtet. Sie wissen, daß Kinder dazu neigen, sich von den Eltern abzusetzen. Wenn Sie die Religion Ihres Kindes akzeptieren, dann weisen Sie Ihr Kind auch darauf hin, daß dies keine einseitige Angelegenheit ist, sondern daß Sie umgekehrt auch Akzeptanz Ihrer Religion seitens des Kindes erwarten. Wenn Sie die Hexenfeste mitfeiern, können Sie von Ihrem Kind auch erwarten, daß es Ihre Feiertage mitbegeht. Manche Feste kann man miteinander kombinieren, da sie terminlich entweder nah beieinander liegen oder sogar auf denselben Tag fallen. So können die Wünsche beider Seiten berücksichtigt werden.

Sprechen Sie mit Ihrem Kind

Wenn Ihr Kind andere religiöse Vorstellung hat als Sie, dann stellen Sie Ihrem Kind Fragen darüber. Das kann Ihnen helfen, die Überzeugungen Ihres Kindes besser zu verstehen, zu tolerieren oder gar zu akzeptieren, andererseits gibt es Ihrem Kind die Gelegenheit, seine Überzeugungen zu artikulieren und fordert es heraus, seine Gedanken präzise zu formulieren. Wenn Ihr Kind "Hexenanzeichen" zeigt (sich z.B. schwarz kleidet oder ein Pentagramm um den Hals trägt), muß es damit rechnen, daß auch andere Leute Fragen stellen. Es ist dann gut für Ihr Kind, wenn es seine Ansichten klar ausdrücken kann.

Hexeneltern

Der umgekehrte Fall kommt auch vor: Sie selbst sind eine Hexe und Sie wollen Ihren Kindern eine Hexenerziehung zukommen lassen, was Ihre Kinder aber ablehnen. In den Schulen wird in der Regel eine starke Betonung auf das Christentum gelegt, sei es im Schulgottesdienst oder direkt im Unterricht. Vielleicht möchten Ihre Kinder lieber Christen sein wie "alle anderen auch". Auch wenn Sie selbst Hexe sind, sollten Sie die (andersgearteten) religiösen Empfindungen Ihrer Kinder akzeptieren. Angesichts der zahllosen Literatur zum Thema Christentum (es gibt viel mehr Bücher darüber als über moderne Hexerei) dürfte es Ihnen nicht schwer fallen, sich zu informieren, sofern Sie in dem Thema nicht so bewandert sind. Gestehen Sie Ihren Kindern zu, daß sie zur Kirche gehen, wenn sie es wollen. Gehen Sie vielleicht sogar mit. Feiern Sie mit Ihnen Weihnachten, Ostern und Pfingsten, oder kombinieren Sie ihre Hexenfeste mit den Feiertagen Ihrer Kinder.

„Gegenseitiger Respekt ist der Beginn von Liebe, Vertrauen und Frieden."

Seien Sie gesegnet!

Hexenvokabeln

Alexandrianer: Hexen, die in der Tradition von Alex und Maxine Sanders eingeweiht leben und arbeiten.
Altar: Ort, der der Göttin und dem Gott geweiht ist.
Athame: (ausgesprochen: „èthiemee"), Hexendolch, der ausschließlich für rituelle Handlungen verwendet wird. Er darf niemals mit Blut in Berührung kommen, und es darf nicht damit geschnitten werden.

Beltane: Fest am Vorabend (Walpurgisnacht) des 1. Mai.
Besen: Im Mittelalter glaubte man, daß Hexen darauf durch die Luft fliegen könnten. In der Gegenwart wird er ausschließlich dazu verwendet, den magischen Kreis zu reinigen und die Pforte zu markieren.
Buch der Schatten: (engl. *Book of Shadows*), Buch, in dem Hexen ihre Rituale, Rezepte und Zaubersprüche aufschreiben.
Boline: Messer mit einem weißen Heft (Griff), das zum Schneiden von Kräutern, Kuchen usw. verwendet wird.
Buch-Segen: Spruch, um ein Buch zu segnen.
Blessed Be: (ausgesprochen: „blessd bie"), traditioneller Hexengruß. Er bedeutet „Sei gesegnet".

Coven: Hexenzusammenschluß; Gruppe von Hexen, in der Regel 12 oder 13, die regelmäßig zu Ritualen usw. zusammenkommen. Wird meist von einer Hohepriesterin und/oder einem Hohepriester geleitet.

Deosil: Im Uhrzeigersinn.
Dianiker: Hexen, die der feministischenTradition der Zsuzsanna Budapest anhängen.
Divination: Oberbegriff für alle wahrsagerischen Künste, wie Orakel, Astrologie, Tarot.

Einweihung: Eintritt in eine Hexengruppe; Einführung in bestimmte Wissensstufen.
Eklektische Hexen: Hexen, die verschiedenste Traditionen für sich nutzen.
Erden: Das Sichzurückziehen aus der "anderen Welt" um sich langsam wieder der "Realität" bewußt zu werden.
Esbat: Vollmondfest.

Gardnerianer: Hexen, die der Tradition von Gerald Gardner anhängen.

Gott: Männliches Oberwesen.
Göttin: Weibliches Oberwesen.
Großer Ritus: Rituelle Vereinigung von Gott und Göttin.

Heiden: Nicht-christliche religiöse Person.
Heidentum: Der Glaube der Heiden.
Hexe: Person (weiblich oder männlich), die Hexerei und magische Künste ausübt.
HP: Hohepriester; männlicher Eingeweihter des zweiten oder dritten Grades.
HPS: Hohepriesterin; weibliche Eingeweihte des zweiten oder dritten Grades.

Imbolc: Mittsommer.
Initiation: siehe Einweihung.

Jahresfeste: Die Feiern, die die Jahreszeiten und die Sonnenwenden markieren.
Jahreskreis: Symbol für die Abfolge der acht Jahresfeste und den ewigen Zyklus der Jahre.
Julfest: Mittwinter.

Kelch: Gefäß, aus dem der rituelle Wein nach einem Ritual getrunken wird.
Kerzenmagie: Form der Magie, bei der Kerzen in eine bestimmte Aufstellung gebracht und in festgelegter Reihenfolge entzündet bzw. gelöscht werden, wobei ein Zauberspruch ausgesprochen wird.
Kessel: In der Mythologie wurden in dem Kessel verschiedene Tränke zusammengebraut; heute wird er verwendet, um darin Feuer zu machen.
Knotenmagie: Anderer Ausdruck für Kordelmagie.
Kordelmagie: Form der Magie, bei der auf spezielle Weise Knoten in Kordeln oder Seile geschlagen bzw. aufgebunden werden.
Kreis, magischer: Der rituell umgrenzte Ort, an dem ein Ritual stattfindet.
Kuchen-und-Wein-Zeremonie: Das Essen und Trinken nach einer Feier oder einem anstrengenden Ritual (auch Hexenkommunion genannt), um sich wieder an die täglichen Dinge zu gewöhnen.

Litha: Mitsommer.
Lughnasadh: Fest nach dem Vorbild der heiligen Hochzeit zwischen Göttin und Gott.

Mabon: Herbstanfang.
Magie: Zauberkünste.
Magisches Tagebuch: Buch, in das eine Hexe ihre Erfahrungen notiert.
Merry Meet: (ausgesprochen: „merrie miet") traditioneller Hexengruß in der Bedeutung „Schön dich zu treffen".

Naturmagie: Die Ausübung von Magie unter Verwendung natürlicher Materialien und Hilfsmittel, sowie die Anrufung der Naturkräfte.
Naturreligion: Religion, in der der Glaube an die Kräfte der Natur im Zentrum steht.

Okkult: Geheim, mysteriös, düster, magisch.
Ostara: Frühlingsanfang.

Paganismus: Der Glaube an alte, vorchristliche Religionen. Anderer Begriff für Heidentum.
Pantheon: Götterwelt; eine Art Stammbaum aller Götter einer Religion.
Pentagramm: Fünfzackiger Stern, der in einem Federstrich, ohne abzusetzen gezeichnet wird, wobei eine Spitze nach oben weist. Symbol der modernen Hexerei.
Pentakel: Runde Scheibe mit aufgemaltem/eingraviertem Pentagramm und anderen magischen Zeichen, die zentraler Bestandteil des Altars ist. Auch die Bezeichnung für ein Pentagramm, dessen fünf Spitzen mit geraden Linien verbunden sind, also ein Fünfeck bilden.
Priester: Männlicher Eingeweihter ersten Grades.
Priesterin: Weibliche Eingeweihte ersten Grades.

Reinkarnation: Der Glaube an die Wiedergeburt, an ein Leben vor und nach dem aktuellen Leben.
Rune (Hexenrune): Hier im Sinne von Spruch, Zauberspruch.

Sabbat: Jahresfest.
Solo-/Solitair-Hexe: Hexe, die allein arbeitet und keinem Coven angehört.
Spiraltanz: Traditioneller Tanz, um Energien wachzurufen.
Spruch/Zauberspruch: Beschwörung, magischer Text.

Totem: Mythisches Tier, das als Botschafter der Götterwelt gesehen wird.

Wicca: Der Glaube an die Göttin und den Gott; Naturreligion der modernen Hexen.
Witchcraft Act: Gesetz, das jegliche Form der Hexerei in England verbot und das 1951 aufgehoben wurde.

ISBN 90-76274-72-X

Noud van den Eerenbeemt

Handbuch für Hexen

Hexen wurden schon lange vor Beginn des Mittelalters heimlich konsultiert. Sie waren für ihre Kenntnis der Naturkräfte bekannt, die sie zum Heilen von Krankheiten, zum Lösen von Liebesproblemen und zum Schutz vor dem Bösen anwendeten. Aufgrund ihrer Naturverbundenheit und ihres Wissens konnten Hexen oft auffallende Resultate erzielen, die jedoch von "angesehenen" Quacksalbern, Hellsehern und Ärzten nicht anerkannt wurden.

Darum wurden ihre Erfolge der Einfachheit halber oft den "negativen Kräften des bösen Blicks" zugeschrieben. So gerieten Hexen in einen schlechten Ruf, und ihr Leben endete nur allzu oft auf dem Scheiterhaufen. Denjenigen, die sich heutzutage mit diesem Wissen beschäftigen, bleibt dieses Los erspart. Der Gedanke, daß die richtige Anwendung der kosmischen Energien einen großen Einfluß auf unser tägliches Leben ausübt, wird heute allgemein anerkannt.

Der Autor beschreibt, welchen Stellenwert die Hexerei in der heutigen Gesellschaft einnimmt, was Hexerei bedeutet, welche Rituale damit einhergehen und zu welchen Zwecken man Hexerei anwenden kann (er erklärt zum Beispiel, was Liebeszauber ist und wie man einen Liebestrank herstellen kann). Der Autor beschreibt auch das Arbeitsfeld der modernen Hexe, die Bedeutung der "Blumensprache", die Kräfte von Aromen, Farben und Klängen und die Bedeutung der Mondkraft sowie das Leben unserer Vorfahren und das Geheimnis von Leben und Tod.

Im *Handbuch für Hexen* zeigt uns Noud van den Eerenbeemt, wie wir jeden Tag in Harmonie mit Mutter Erde leben können und wie wir unsere täglichen Handlungen nach den kosmischen Energien ausrichten können, um so bewußter und intensiver zu leben. Er geht davon aus, daß Liebe und Gerechtigkeitssinn die Grundlage dieser Harmonie sind.

mehr über Hexenweisheit bei Iris - Bücher & mehr

Claudia van der Sluis

Alte Traditionen – Moderne Hexen

ISBN 90-76274-19-3

Was stellen wir uns eigentlich unter Hexen vor? Meistens werden Hexen mit alten, hakennasigen Frauen assoziiert, die auf Besen fliegen und, komplizierte Zaubersprüche murmelnd, in brodelnden Hexenkesseln rühren, woraufhin der ahnungslose Zuschauer unvermutet in eine dicke Kröte verwandelt wird. Ein schieferes Bild kann man sich kaum vorstellen! Hexen sind vielmehr weise und lebenslustige Frauen mit reichem Wissen und tiefgehender Erfahrung im Hinblick auf die Natur (dem Naturerlebnis) im weitesten Sinne des Wortes. Darum werden sie von vielen Menschen zu Rate gezogen, um allerlei geistige Probleme zu lösen und körperliche Beschwerden zu lindern. Dieses Wissen kann als die uralte Kunst gelten, den Verstand bewusst zu gebrauchen und den Kosmos, die Erde, die Natur und den Menschen als etwas Ganzheitliches zu begreifen, als Summe von Wechselwirkungen, die voneinander abhängig sind. Hexen, magisch arbeitende Frauen und Männer – in jedem Menschen verbirgt sich eine Hexe – haben sich diese Kunst angeeignet und gebrauchen sie, um das menschliche Schicksal zu beeinflussen.

In *Alte Traditionen, Moderne Hexen* beschreibt die Autorin deutlich, wie man eine Hexe werden kann und was man dafür tun (und lassen) muss. Sie beschreibt unter anderem, wie man die Rituale durchführt, welche Rolle der Mond spielt, wie man einen Spruch (engl. *spell*) zusammenstellen muss, wie man sein eigenes Hexenwerkzeug herstellt und sie nennt diverse Rezepte für u.a. Badesalze, Öle und Kräuterrezepte für allerlei Zwecke. Einige eingeweihte Hexen erzählen über ihre Erfahrungen und über die Kraft und den Sinn "der Weisheit der Hexen" in der heutigen Gesellschaft. Zudem wird dem Hintergrund der modernen Hexerei und den diversen, ihr zu Grunde liegenden Traditionen viel Aufmerksamkeit geschenkt. *Alte Traditionen, Moderne Hexen* ist das ABC jeder Hexe und es ist die Basis für jeden, der daran interessiert ist, dem Leben in seiner Ganzheit eine zusätzliche Dimension zu verleihen – eine Wende – um ein vollkommenes, universelles und harmonisches Wohlbefinden zu erreichen.